"十二五"职业教育国家规划教材
经全国职业教育教材审定委员会审定

高等职业教育"十三五"创新示范教材

Jichu Kuaiji Moni Shixun

基础会计模拟实训

（第四版）

全面实施
"营改增"
最新教材

主　编　王　炜　季学芳
副主编　吴让军

本书另配参考答案

高等教育出版社·北京

内容提要

本书是“十二五”职业教育国家规划教材，经全国职业教育教材审定委员会审定。

本书按照“任务引领，项目导向”的指导思想进行整体规划，设计了10个项目，共16项实训，以具体训练项目为途径来培养学生的综合职业能力。本书从“职业能力”分析出发，紧紧围绕完成会计核算工作任务的需要，从财会书写训练开始，到以一个完整的会计模拟实训案例贯穿从会计建账到会计档案整理归档为止的8个实训项目，最后以综合模拟实训项目结束。按照实际会计工作程序来设计教材内容，体现了教材内容的职业性和实践性的特点。

本书结构清晰，内容合理，可作为高等职业院校会计、工商管理等财经类专业的教材。同时，本书编写结合了五年制高职学生的实际情况和教学需求，也可作为五年制高职教学用书。

图书在版编目(CIP)数据

基础会计模拟实训 / 王炜，季学芳主编. —4版. —北京：高等教育出版社，2018.2(2019.8重印)

ISBN 978-7-04-049061-9

Ⅰ.①基… Ⅱ.①王… ②季… Ⅲ.①会计学—高等职业教育—教材 Ⅳ.①F230

中国版本图书馆CIP数据核字(2017)第304993号

策划编辑 杭 赢　责任编辑 杭 赢　封面设计 张文豪　责任印制 高忠富

出版发行	高等教育出版社	网　址	http://www.hep.edu.cn
社　址	北京市西城区德外大街4号		http://www.hep.com.cn
邮政编码	100120		http://www.hep.com.cn/shanghai
印　刷	江苏德埔印务有限公司	网上订购	http://www.hepmall.com.cn
开　本	787 mm×1092 mm 1/16		http://www.hepmall.com
印　张	15.5		http://www.hepmall.cn
字　数	270千字	版　次	2018年2月第4版
			2004年7月第1版
购书热线	010-58581118	印　次	2019年8月第2次印刷
咨询电话	400-810-0598	定　价	33.00元

编写委员会

出版说明

当今,新一轮科技革命和产业升级,对现有的产业结构、生产方式和生活方式产生了深远的影响,也对高等职业教育提出了更高的要求和新的挑战。“十三五”时期是我国高等职业教育现代化建设的关键时期,加快发展现代高等职业教育已成为我国教育发展的重要战略。深化教学改革,提高教学质量,培养社会迫切需要的发展型、复合型和创新型的技术技能人才,促进高等职业教育健康持续发展,是高等职业教育工作者的历史使命。

课程和教材是高等职业教育教学改革的关键与核心,其开发和建设也伴随着我国经济发展进入了新的阶段。“十三五”期间,高等教育出版社组织来自全国高等职业院校的骨干教师、行业企业的教育培训专家和从事高等职业教育教学研究的专家,申报、立项了一批中国职业技术教育学会教学工作委员会、教材工作委员会有关高等职业教育课程改革和教材建设的研究课题。这些课题研究成果体现了高等职业教育教学改革的新思想、新观念,有力地促进了高等职业教育教学改革的发展。在此基础上,高等教育出版社上海出版事业部组织编写、修订并出版了一批反映当前高等职业教育教学改革研究与实践成果的创新示范教材。教材的编写着重在以下几个方面进行了创新尝试。

精炼编写内容

教材内容紧扣立德树人的核心要求,把培养学生的职业道德、职业素养和创新创业能力融入教学内容和教学活动设计中,力图通过全局设计、过程贯通、细节安排提升职业教育课程教学的内涵,培养德智体美全面发展的社会主义事业接班人。

技术的快速发展、经济转型升级使职业教育的专业结构调整、课程内容更新更为常态化,编写满足培养行业、企业人才需要的职业教育新教材,也是本系列教材在创新示范方面的突出特色。

系列教材对部分重点课程还采用了“一纲多本”的编写形式,即同一课程编写多种版本,较好地解决了“通用性”和“个性化”的矛盾。教材内容编写遵守共同基础与多样选择相统一的原则,构建更加开放、更具弹性的课程教材体系,为教师选择和使用教材提供空间,以适应“分层教学”和“专业需求多元化”的现实。

丰富内容组织

高等职业教育课程内容的多样化特征决定了教材多样化的特点。本系列教材不拘于统一的内容组织形式，以满足课程教学需要、有助于职业人才的培养为核心，切实服务于任务引领、项目驱动等多种形式的职业教育课程改革。

本系列教材在内容组织和编写体例方面，根据课程性质、教材内容特点和教学的实际需要进行了多样化的尝试，避免了“章节体”一统天下的局面。教材在结构编排上，在每部分内容的开始有导学，构建学习情景，提出本部分内容的学习目标，在结束时用小结方式强调重点，最后用习题等形式帮助学生自我检查评价。在呈现形式上，体例新颖活泼、直观，用大量的插图表达，双色、彩色印刷使“重点”“难点”醒目、鲜明。着重在“便教”与“利学”上努力创新，强化教材的使用功能。

服务教学设计

教学设计是教师以教育教学原理为依据，为了达到教学目标，根据学生认知特点，对教学过程、教学内容、教学组织形式、教学方法和使用的教学手段进行的策划。教学资源在服务教学设计中具有举足轻重的作用。应用现代教育技术的数字化教学资源，具有丰富的表现力，可以突破教学重点和难点；交互性强，可以充分发挥学生的主体作用；信息量大，更新方便，大大提高学习效率；可碎片化，易于二次开发，方便综合化利用和共享。本系列教材依托高等教育出版社已建设成熟的MOOC、SPOC平台，数字出版技术，以及二维码资源平台，统筹规划教学资源建设，为课程教学设计和创新教学方法提供有力的支撑。

教师是教学改革的主体。教学改革与教材建设只有得到教师的支持与参与，才有成功的可能。在教材和配套教学资源建设的同时，我们陆续组织了各种形式的教师培训、教学研讨活动，以帮助教师确立现代职业教育理念，促进教学质量与效率的提高，实现教学改革与教材建设的同步发展。

本系列创新示范教材的出版及其配套工作是一项持续进行、不断完善的工程，我们殷切希望能够得到广大教师的支持和积极参与，共同创新、示范，分享高等职业教育教学改革的成果与经验，为我国高等职业教育的发展做出应有的贡献。

高等教育出版社

第四版前言

本书是“十二五”职业教育国家规划教材，经全国职业教育教材审定委员会审定。本书第一版在2004年由高等教育出版社出版发行，并于2014年出版了第三版，其间还经过了数次修订，经过近十年时间的使用，得到了许多高等职业院校师生的肯定。随着高等职业教育形势的发展、社会人才需求的变化，以及一些新的财经法规的颁布，同时为了顺应高等职业教育发展的需要，我们对本书进行了重新编写。

本次编写具有以下特色：

(1) 按照“任务引领，项目导向”的指导思想进行整体规划，设计了10个项目，共16项实训，以具体训练项目为途径来培养学生的综合职业能力。

(2) 从“职业能力”分析出发，紧紧围绕完成会计核算工作任务的需要，从财会书写训练开始，到以一个完整的会计模拟实训案例贯穿从会计建账到会计档案整理归档为止的8个实训项目，最后以综合模拟实训项目结束。按照实际会计工作程序来设计教材内容，体现了教材内容的职业性和实践性的特点。

(3) 打破传统教材编写体例，按照实训目标→实训资料→实训要求→实训指引的体例编排内容，教、学、做一体，体现了“工学结合、职业能力培养”的主导思想。

(4) 对部分内容进行了更新，以体现最新财经法规(如营业税改征增值税政策等)的要求，更好地适应时代的发展和经济业务实践的变化。

本书由安徽商贸职业技术学院王炜、季学芳任主编，内江职业技术学院吴让军任副主编。其他参加编写的人员有安徽理工学校张定成，安徽商贸职业技术学院黄秀兰、鲁学生、李金传，铜陵职业技术学院王信平。本书具体分工如下：张定成、王炜编写项目一，王炜、季学芳、李金传编写项目二至项目七以及项目九，鲁学生、王炜编写项目八，王炜、王信平、吴让军、黄秀兰编写项目十。全书由王炜进行了总纂。

为方便教学，本书另配有参考答案，教师可凭本书后所附的“教学资源索取单”向出版社索取。

本书在编写过程中承蒙各高等职业院校领导和同仁的大力支持，在此一并表示感谢。

由于编者水平有限，加之编写时间较紧，书中难免有错漏之处，恳请读者批评指正。

作　者

2019年7月

第一版前言

本书是“21世纪高职高专财务会计专业系列教材”之一，是与《基础会计》（高等教育出版社2002年出版、金跃武主编）教材配套的模拟实训教学用书。内容紧扣高职高专教学目标，突出教学内容的适用性，注重实践能力的培养，体现“以应用为主旨”的高职高专教学特点。

本书分为两个部分。第一部分为“会计核算基本规范”，主要是针对《基础会计》教材中相关章节的理论知识所作的补充，着重介绍会计模拟实训操作的技术性规范。第二部分为“模拟实训”，包括章节实训与综合模拟实训，本部分与“会计核算基本规范”以及《基础会计》教材的体系、进度基本一致，便于教师根据课堂教学进度安排模拟实训，做到边学边练，有利于培养、提高学生会计核算的实际操作能力。

本书由王炜担任主编，负责全书编写大纲的拟订和全书的总纂、修改及定稿。参加编写的人员有：王炜（第一章、第五章、实训五），张定成（第二章、第四章、实训一、实训四），周小芬（第三章第一节、实训二），罗绍勇（第三章第二节、实训三），黄秀兰、孙晓璐、周靖汉（实训六）。

本书在编写过程中承蒙各高职高专院校领导和同仁的大力支持，在此一并表示感谢。由于编者水平有限，加之编写时间较紧，书中难免有错漏之处，恳请读者批评指正。

作　者

2004年4月

目　录

项目一　财 会 书 写

任务一　书写单个数码字

【实训目标】

通过实训，能够规范书写单个数码字。

【实训资料】

实训材料 1－1－1

单个数码字练习表

1	2	3	4	5	6	7	8	9	0	1	2	3	4	5	6	7	8	9	0	1	2	3	4	5	6	7	8	9	0

【实训要求】

对照实训材料 1－1－1 中的数字练习数码字书写并填列于该表中，学生可根据需要反复训练。

1

【实训指引】

一、数码字书写的要求

数码字(俗称小写数字)是世界各国通用的数字,数量有10个,即:0,1,2,3,4,5,6,7,8,9。笔画简单,书写方便,应用广泛,必须规范书写行为,符合手写体的要求。

(一) 顺序书写

书写数码字时,应该从高位到低位,从左到右,按照顺序进行。

(二) 倾斜书写

数码字笔画简单,笔势缺少变化,一般不要求像文字那样端正书写,否则,字形会显得生硬呆板。书写时一般要求数码字上端向右(俗称向前)倾斜,以60°左右的水平倾斜角为宜。一组数码字的书写,应保持各个数码字的倾斜度一致,自然美观。

(三) 字位适当

会计核算中,数码字的书写范围通常被限制在格子中间,因此要选择适当的位置。

1. 高度适当

一般要求数码字高度占全格的1/2为宜,过大可能会导致其交叉模糊,过小可能会因不清晰而影响阅读。数码字的书写要紧贴格子底线,不应悬在格子的中间,除6,7,9外,其他数码字应高低一致。"6"的上端可以比其他数码字高出1/4,"7"和"9"的下端可以比其他数码字伸出1/4,但不得超过1/3。

2. 左右位置适当

要求每个数字的中部大体位于格距1/2的两条对角线交点上,不宜过于靠左或者靠右。

3. 间距适当

每个数码字要大小一致,排列应保持相等距离,上下左右要对齐。在印有数位线(或称金额线)的凭证、账簿、报表上,每一格只写一个数码字,不得几个数码字挤在一个格子里,也不得在数码字中间留有空格。如果没有数位线,则数码字的整数部分,可以从小数点向左按"三位一节"用撇节号","(也称千分撇、分位点)分开,以便于读数、分清大小和汇总计算。

(四) 字迹工整

数码字书写,应工整流畅,匀称美观,一目了然,切忌潦草、连笔、模糊,以免似是而非,分辨不清,贻误工作。

(五) 保持特色

数码字书写时要在符合书写规范的前提下,保持本人的独特字体和习惯,使别人难以模仿或涂改。

二、单个数码字的书写要领

"0"字书写时,紧贴底线,圆要闭合,不宜过小,否则易被改为"9"字,几个"0"字连写时,不要写连接线。

"1"字书写时,要斜直,不能比其他数字短,否则易被改成"4""6""7""9"等数码字。

"2"字书写时,不能写成"Z",落笔应紧贴底线,否则易被改成"3"字。

"3"字书写时,拐弯处光滑流畅,起笔处至拐弯处距离稍长,不宜过短,否则易被改成

“5”字。

“4”字书写时，“∠”角要死折，即竖要斜写，横要平直且长，折角不能圆滑，否则易被改成为“6”字。

“5”字书写时，横、钩必须明显，不可拖泥带水，否则易被改成或混淆成“8”字。

“6”字书写时，起笔处在上半格的 1/4 处，下圆要明显，否则易被改成“4”“8”字。

“7”字书写时，横要平直明显（即稍长），竖稍斜，拐弯处不能圆滑，否则易与“1”“9”字混淆。

“8”字书写时，上下两个圆明显可见。

“9”字书写时，上部的小圆要闭合，不留间隙，并且一竖稍长，略微出底线，否则易与“4”字混淆。

数码字的书写示范如表 1-1 所示。

表 1-1 数码字的书写示范

任务二 书写数码金额

【实训目标】

通过实训，能够规范书写数码金额。

【实训资料】

实训材料 1-2-1 中文大写数字转换数码字练习表

序号	中文大写数字	没有数位线的数码字	印有数位线的数码字							
			十	万	千	百	十	元	角	分
(1)	人民币叁拾捌元陆角肆分									
(2)	人民币捌佰零陆元叁角整									
(3)	人民币伍仟壹佰元整									
(4)	人民币陆万叁仟肆佰伍拾元整									
(5)	人民币壹拾肆万伍仟陆佰元零肆角整									
(6)	人民币叁拾捌万零贰佰肆拾元整									
(7)	人民币肆万贰仟元零玖分									
(8)	人民币叁角玖分									
(9)	人民币贰万元整									
(10)	人民币柒万零伍元整									

1

【实训要求】

按照规范将实训材料 1-2-1 中的中文大写数字转换为数码金额并填列于该表中。

【实训指引】

一、数码金额的书写一般要求

会计核算采用以货币计量为主,并辅以实物计量和劳动计量,选择以人民币作为记账本位币,涉及大量数码金额书写。一般要求数码金额书写到分位为止,元位以下保留角、分两位小数,对分以下的厘、毫、丝、息采用四舍五入的方法。但少数情况下,如计算百分率、折旧率、加权平均单价、单位成本、分配率等,也可以采用多位小数,以达到计算比较准确的目的。

二、印有数位线(金额线)的数码字书写

一般来说,凭证和账簿已事先印好数位线,只需逐格顺序书写,角分栏金额齐全。如果角分栏无金额,应该以"0"补位,也可在格子的中间画一短横线代替。如果金额有角无分,则应在分位上补写"0",不能用"—"代替。数码金额的书写示范如表 1-2 所示。

表 1-2 数码金额的书写示范

a. 错误书写

收入金额							
十	万	千	百	十	元	角	分
		3	6	7	8		
				5	7	1	
				5	7	1	

b. 正确书写

收入金额							
十	万	千	百	十	元	角	分
		3	6	7	8	0	0
		3	6	7	8	——	
				5	7	1	0

三、没有数位线(金额线)的数码字书写

如果有的会计资料(如会计报表)没有印好数位线,书写金额时,元位以上每三位一节,元和角之间要用小数点"."，有时也可以在角分数字之下画一短横线,例如,¥95 367.83 或¥95 367.83。

如果没有角分,仍应在元位后的小数点"."后补写"00"或画一短横线,例如¥95 367.00 或¥95 367.—。如果金额有角无分,则应在分位上补写"0",如¥95 367.30,不能写成¥95 367.3 或¥95 367.3-。

四、合理运用货币币种符号

阿拉伯金额数字前面应当书写货币币种符号或者货币名称简写和币种符号。币种符号与阿拉伯金额数字之间不得留有空白。凡阿拉伯数字前写有币种符号的,数字后面不再写货币单位,如"¥250.00 元"和"人民币¥250.00 元"的表达是错误的。印有"人民币"三个字不可再写"¥"符号,但在金额末尾应加写"元"字,如"人民币 250.00 元"。

任务三　书写中文大写数字

【实训目标】

通过实训，能够规范书写中文大写数字。

【实训资料】

1. 中文大写数字训练（见实训材料 1－3－1）。

实训材料 1－3－1　　中文大写数字练习表

零									零								
壹									壹								
贰									贰								
叁									叁								
肆									肆								
伍									伍								
陆									陆								
柒									柒								
捌									捌								
玖									玖								
拾									拾								
佰									佰								
仟									仟								
万									万								
亿									亿								
元									元								
角									角								
分									分								
整									整								

2. 小写数码字转换为中文大写数字训练。

（1）￥263.60　　应写成＿＿＿＿＿＿＿＿＿＿＿＿＿＿＿＿＿＿

(2) ¥430.60 应写成____________________

(3) ¥1 361.00 应写成____________________

(4) ¥54 626.38 应写成____________________

(5) ¥20 400.72 应写成____________________

(6) ¥3 420.05 应写成____________________

(7) ¥60 107.29 应写成____________________

(8) ¥7 000 000.00 应写成____________________

(9) ¥4 000 000.52 应写成____________________

(10) ¥19.00 应写成____________________

3. 中兴公司于2018年10月20日向恒大公司支付货款，开出转账支票1张，金额为人民币108 239元（中兴公司概况见项目二的实训资料）。

【实训要求】

（1）对照实训材料1－3－1中的文字，分别用楷体和行楷练习单个中文大写数字（含数位）书写并填列于该表中。学生可根据需要反复训练书写中文大写数字。

（2）将实训资料2中的小写数码字转换为中文大写数字。

（3）根据实训资料3填制中兴公司转账支票（见实训材料1－3－2）。

实训材料1－3－2 转账支票

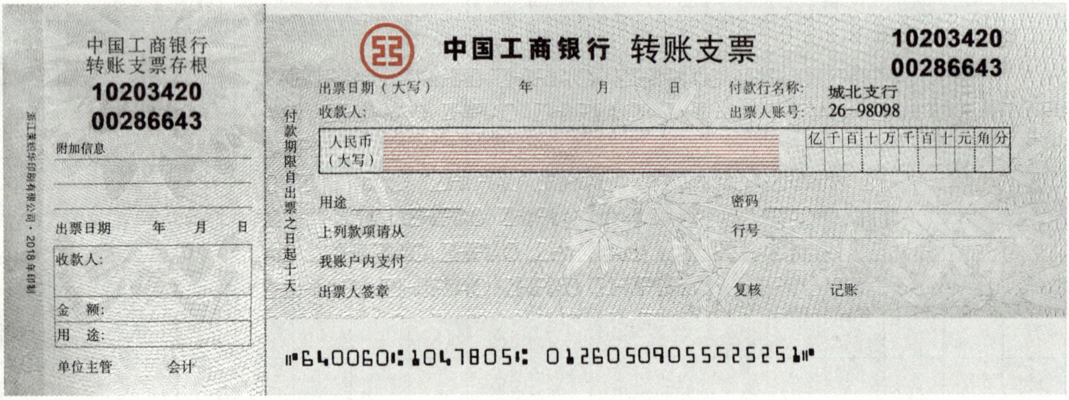
中国工商银行
转账支票存根
10203420
00286643
附加信息
出票日期 年 月 日
收款人:
金 额:
用 途:
单位主管 会计

中国工商银行 转账支票 10203420 00286643
出票日期（大写） 年 月 日 付款行名称: 城北支行
收款人: 出票人账号: 26-98098
付款期限自出票之日起十天
人民币（大写） 亿 千 百 十 万 千 百 十 元 角 分
用途 密码
上列款项请从 行号
我账户内支付
出票人签章 复核 记账

【实训指引】

一、文字书写的基本要求

文字书写指汉字书写。与会计主体经济业务活动相联系的文字书写，包括大写数字、企业名称、会计科目、费用项目、商品类别、计量单位和摘要的书写，还有财务分析及财务会计报告的书写等。

(一) 克服常见的不良书写习惯

1. 字迹潦草

有人书写时缺乏耐心,点与横、竖与撇、捺与钩、角与折,不严格区分,龙飞凤舞,草率马虎,一笔到底,字字相连,让人难以分辨和理解。

2. 字体过大

一般账、证、表、册等的行距只有 6 mm 左右,书写时不宜用浓墨粗笔,字体应大小适当,不宜“顶天立地”造成界限不明,而且一旦发生书写错误,也就没有更正的空间了。

3. 字形欠佳

有人写起字来,竖必丁头,捺必纵远,折而耸肩,平而腆肚,伸头伸尾,横冲直撞等,还有人执笔拘谨,字画呆板,不流畅。这些都要克服,以使自己的字美观规范。

4. 文字不规范

书写文字时,采用谐音字、错别字、简化字,这是不可取的。

(二) 正确掌握文字书写技术

1. 端正书写态度

文字的书写是一个由不熟练、不规范到熟练、规范的循序渐进的过程。在日常会计工作中,会计人员只要端正书写态度,善于学习,勤于训练,持之以恒,肯定能做到规范书写文字。

2. 字迹工整清晰

书写时,一般使用楷体、行书或者北魏新体,可以结合“书法”课程进行训练。书写时,注意各个字形结构平衡,笔画间的空白部分(即布白)均匀。书写时文字字体不宜过大或过小,而且大小应整体一致。一般汉字占格距的 1/2 较为适宜,落笔在底线上。文字过大,就缺乏更正错误的余地;文字过小,不方便阅读。书写时,注意字距适当,不宜过于稠密或过于稀疏。

3. 简明扼要准确

要用简短的文字把经济业务发生的内容记述清楚,尤其是在有格限的情况下,文字数目多少,要以写满不超出该栏格为限。会计科目要写全称,不能简化,子、细目要准确,要符合统一的会计制度准则的规定,不能使用表达不清、叙述模糊的语句或文字。

二、中文大写数字的写法

中文大写数字主要包括零、壹、贰、叁、肆、伍、陆、柒、捌、玖、拾、佰、仟、万、亿、元、角、分、整(正)。中文大写数字是用于填写防止涂改的销货发票、银行结算凭证、收据等,因此书写时除满足文字书写的基本要求外,还要求不能写错。一旦写错,则该凭证作废,需要重新填写。

(一) 中文大写金额数字的书写要求

1. 标明货币名称

中文大写金额数字前应标明“人民币”字样,且其与首个金额数字之间不留空白,数字之间更不能留空白,写数与读数顺序要求一致,如果未印货币名称(一般是“人民币”),应当加填货币名称。

2. 规范书写

中文大写数字金额一律用正楷或行书书写,不得用〇、一、二、三、四、五、六、七、八、九、

1

十、百、千等相应简化字代替，不得用“廿”代替贰拾，用“卅”代替叁拾，用“毛”代替角，用“另（或0）”代替“零”，也不得任意自造简化字。

3. 正确运用“整”或“正”

中文大写金额数字到“元”为止的，应当写“整”或“正”字，如￥310.00应写成人民币叁佰壹拾元整。中文大写金额到“角”为止的，可以在“角”之后写“整”或“正”，也可以不写，如￥310.40可写成人民币叁佰壹拾元肆角或者人民币叁佰壹拾元肆角整。中文大写金额数字有分位的，分后不写“整”或“正”字，如￥310.43应写成人民币叁佰壹拾元肆角叁分。

4. 正确写“零”

数码（阿拉伯）金额数字中间有“0”时，中文大写金额数字要写“零”字，如￥300.40，应写成人民币叁佰元零肆角整。数码（阿拉伯）金额数字中间连续有几个“0”时，中文大写金额数字中间可以只写一个“零”字，如￥20 000.03，应写成人民币贰万元零叁分。数码（阿拉伯）金额数字万位或元位是“0”，或万位、元位是“0”但千位、角位不是“0”时，中文大写金额数字可以只写一个“零”字，也可以不写“零”字，如￥300 010.30应写成人民币叁拾万壹拾元叁角整或者人民币叁拾万零壹拾元零叁角整，￥300 010.00应写成人民币叁拾万壹拾元整或者人民币叁拾万零壹拾元整。

5. 表示数位的文字（即拾、佰、仟、万、亿）前必须有数字

如“拾元整”应该写成“壹拾元整”，因为这里的“拾”应看作数位文字。

中文大写金额数字的书写示范如表1－3所示。

表1－3 中文大写金额数字书写示范

数码金额	中文大写金额		
	正确写法	错误写法	错误原因
￥2 000.00	人民币贰仟元整	人民币：贰仟元整	“人民币”后多一个冒号
￥104 000.00	人民币壹拾万零肆仟元整	人民币拾万零肆仟元整	漏写“壹”字
￥60 085 000.00	人民币陆仟零捌万伍仟元整	人民币陆仟万零捌万伍仟元整	多写一个“万”字
￥9 700 000.54	人民币玖佰柒拾万元零伍角肆分	人民币玖佰柒拾万零伍角肆分	漏写一个“元”字

（二）中文大写票据日期的书写要求

票据的出票日期必须使用中文大写。为防止变造票据的出票日期，在填写月日时，月为壹、贰和壹拾的，日为壹至玖和壹拾、贰拾和叁拾的，应在其前面加“零”；日为拾壹至拾玖的，应在其前加“壹”。如1月15日，应写成“零壹月壹拾伍日”。10月20日，应写成“零壹拾月零贰拾日”。票据出票日期使用小写填写的，银行不予受理。大写日期未按规范填写的，银行可予受理，但由此造成损失时，由出票人自行承担。

根据以上要求，现以中兴公司于2018年1月15日开出转账支票1张，人民币1 107 800元为例，填列转账支票的日期和金额两项内容如表1－4所示。

表 1－4　　转 账 支 票

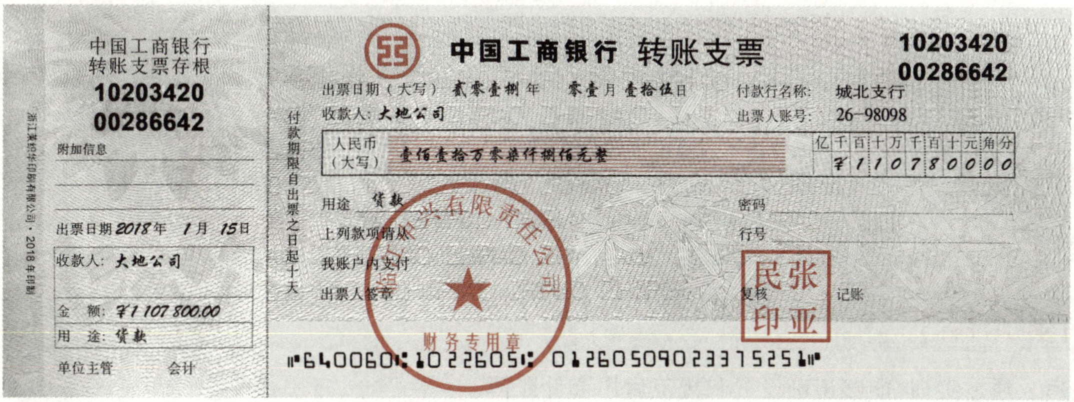

中国工商银行
转账支票存根
10203420
00286642

附加信息

出票日期 2018 年 1 月 15 日

收款人：大地公司

金　额：￥1 107 800.00

用　途：贷款

单位主管　　会计

浙江某印华印刷有限公司 · 2018 年印制

中国工商银行　转账支票　10203420 00286642

出票日期（大写）贰零壹捌年　零壹月 壹拾伍日　付款行名称：城北支行

收款人：大地公司　出票人账号：26-98098

付款期限自出票之日起十天

人民币（大写）	壹佰壹拾万零柒仟捌佰元整	亿	千	百	十	万	千	百	十	元	角	分
			￥	1	1	0	7	8	0	0	0	0

用途　贷款　密码

上列款项请从　行号

我账户内支付

出票人签章　复核　记账

财务专用章

张民印亚

⑈640060⑆1022605⑆ 0126050902337525⑈

项目二 会计建账

【实训目标】

通过实训，能够正确设置和规范启用会计账簿。

【实训资料】

一、模拟企业有关资料

(1) 公司名称：临江市中兴有限责任公司(简称中兴公司)；

纳税人识别号：91341001012383452K；

地址、电话：临江市东芜路82号、0553-4846158；

开户行及账号：中国工商银行东芜路办事处26-98098。

(2) 性质：有限责任公司，增值税一般纳税人。

(3) 生产组织与工艺流程：公司下设一个生产车间，单步骤大量生产ST产品和TM产品。

(4) 原材料收发按实际成本计价核算，发出材料的实际单位成本按移动加权平均法计算。

(5) 产成品的收发按实际成本计价核算，发出产成品的实际单位成本按全月一次加权平均法计算。

(6) 计算中要求精确到小数点后2位，尾差按业务需要进行调整。

(7) 公司执行中华人民共和国财政部制定的《企业会计准则》。

二、中兴公司2019年7月份期初余额资料

(1) 该公司总账账户期初余额资料如实训材料2-1所示。

实训材料2-1 账户余额表

单位：元

账户名称	借方余额	账户名称	贷方余额
库存现金	3 000.00	短期借款	50 000.00
银行存款	864 000.00	应付账款	2 000.00
交易性金融资产	90 000.00	累计折旧	45 000.00
应收账款	12 000.00	实收资本	2 936 000.00

续 表

账户名称	借方余额	账户名称	贷方余额
原材料	22 000.00	盈余公积	173 300.00
库存商品	165 000.00	利润分配	40 900.00
周转材料	4 000.00		
固定资产	2 056 000.00		
生产成本	31 500.00		
合　　计	3 247 500.00	合　　计	3 247 500.00

（2）该公司部分明细账户期初余额如下：

①“应收账款”账户：光大公司 12 000 元。

②“原材料——AKD 材料”账户：数量 100 千克，单价 140 元，成本 14 000 元；

“原材料——BYS 材料”账户：数量 80 千克，单价 100 元，成本 8 000 元。

③“应付账款”账户：南海工厂 1 200 元，东风工厂 800 元。

④“生产成本——ST 产品”账户：直接材料 18 000 元，直接人工 12 000 元，制造费用 1 500 元。

⑤“库存商品——ST 产品”账户：数量 300 件，金额 135 000 元；

“库存商品——TM 产品”账户：数量 100 件，金额 30 000 元。

【实训要求】

（1）根据实训资料设置总账账户并登记期初余额，主要账户包括：库存现金、银行存款、交易性金融资产、应收账款、其他应收款、在途物资、原材料、库存商品、周转材料、固定资产、累计折旧、待处理财产损溢、短期借款、应付账款、应付职工薪酬、应交税费、应付利息、实收资本、盈余公积、本年利润、利润分配、生产成本、制造费用、主营业务收入、其他业务收入、主营业务成本、其他业务成本、税金及附加、销售费用、管理费用、财务费用、营业外支出。

（2）根据实训资料设置现金日记账和银行存款日记账，并登记期初余额。

（3）根据实训资料设置“原材料明细账”“库存商品明细账”“应收账款明细账”“应付账款明细账”“制造费用明细账”“生产成本明细账”，并登记期初余额。

（4）实训所需材料：总账 1 本，现金日记账 1 本，银行存款日记账 1 本，三栏式明细账账页 3 张，数量金额式明细账账页 4 张，多栏式明细账账页 3 张。

【实训指引】

一、会计账簿的设置

为了科学地记录和反映各项经济业务，各单位应当按照《会计法》和《会计基础工作规范》以及国家统一的会计制度的规定，结合会计业务的需要依法设置账簿，包括总账、明细账、日记账和其他辅助性账簿。

设置账簿，俗称设账，包括确定账簿的种类、内容、作用及登记方法。虽然各个单位日常使用的会计账簿的种类、格式多种多样，而且不同账簿记录的经济内容也不尽相同，但它们一般都具备以下基本内容：

(一) 封面

封面主要标明记账单位名称和账簿名称(如总账，现金日记账，银行存款日记账，原材料明细账)。

(二) 扉页

扉页主要列明“账簿启用和交接登记表”和“目录”，前者在首页，后者在次页。

(三) 账页

账页是账簿的主要内容，是用来登记经济业务事项的载体，各种账页一般包括以下六项基本内容：① 账户的“名称”栏，简称户头，即会计科目、明细科目的名称；② “记账日期”栏；③ 凭证种类和号数栏；④ “摘要”栏；⑤ “金额”栏，反映经济业务增减变动过程和结果，包括借方金额、贷方金额、余额及方向栏(有时无)；⑥ 总页次和分户页次。

二、会计账簿的启用

会计账簿是企业重要的经济档案，为了保证账簿记录的合法性和完整性，明确记账责任，防止丢失及其他舞弊行为的发生，按照《会计基础工作规范》规定，启用新的会计账簿(俗称建账)时，一般应当遵循以下程序和要求：

(一) 填写封面

账簿封面应当写明记账单位的名称和账簿名称。

(二) 填写扉页

填写账簿扉页上的“账簿启用和交接登记表”(也可分解为“账簿启用登记表”和“经管人员一览表”)，内容包括：启用日期、账簿页数、记账人员和会计机构负责人、会计主管人员姓名，并加盖名章和单位公章(如果封面未写单位名称和账簿名称，可在扉页补写)。如果记账人员或者会计机构负责人、会计主管人员调动工作时，应当按照《会计基础工作规范》的规定，在“账簿启用和交接登记表”上注明交接日期、接办人员或者监交人姓名，并由交接双方人员签名或者盖章。账簿启用和交接登记表的格式如表 2-1 所示。

(三) 粘贴印花税票

根据税法规定，单位在启用营业账簿时应缴纳印花税。需要粘贴印花税票的账簿，印花税票一律粘贴在账簿扉页启用表上，并在印花税票中间画两根出头的横线，以示注销。使用缴款书交纳印花税，在账簿扉页启用表上的左上角注明“印花税已缴”及缴款金额，缴款书作为记账凭证的原始凭证登记入账。

(四) 填写目录

有些账簿，如总分类账需要填写目录表明每个账户的名称和页次。登记示范如表 2-2 所示。

表 2-1 账簿启用和交接登记表

<table>
<tr><td>单位名称</td><td>中兴公司</td><td>账簿名称</td><td colspan="2">总 账</td><td>账簿编号</td><td>001</td></tr>
<tr><td>启用日期</td><td>2019年1月1日</td><td>验印日期</td><td colspan="2">2019年1月1日</td><td colspan="2" rowspan="4">单位签章</td></tr>
<tr><td>账簿册数</td><td colspan="4">共 1 册 第 1 册</td></tr>
<tr><td>账簿页数</td><td colspan="4">自第001号起至第100号共100页</td></tr>
<tr><td>会计主管</td><td>李 爽</td><td>记账人员</td><td colspan="2">张 帅</td></tr>
<tr><td colspan="7">交 接 记 录</td></tr>
<tr><td>移交日期</td><td>移 交 人</td><td colspan="2">接管日期</td><td colspan="2">接 管 人</td><td>监 交 人</td></tr>
<tr><td>2019年5月1日</td><td>张 帅</td><td colspan="2">2019年5月1日</td><td colspan="2">王 辉</td><td>李 爽</td></tr>
<tr><td></td><td></td><td colspan="2"></td><td colspan="2"></td><td></td></tr>
<tr><td></td><td></td><td colspan="2"></td><td colspan="2"></td><td></td></tr>
<tr><td></td><td></td><td colspan="2"></td><td colspan="2"></td><td></td></tr>
<tr><td>印 花 税 票</td><td colspan="6"></td></tr>
</table>

表 2-2 目 录

科目或账户	页次	科目或账户	页次	科目或账户	页次
库存现金	1	长期股权投资	11	应交税费	22
银行存款	2	固定资产	12	长期借款	23
其他货币资金	3	累计折旧	13	实收资本	25
交易性金融资产	4	在建工程	14	资本公积	30
应收票据	5	无形资产	15	盈余公积	31
应收账款	6	累计摊销	16	本年利润	32
坏账准备	7	短期借款	17	利润分配	33
原材料	8	应付票据	20	生产成本	34
库存商品	9	应付账款	21	……	

（五）顺序填写

启用订本式账簿，应当从第一页到最后一页顺序编写页数，不得跳页、缺号。启用活页式、卡片式账页，应当按账户顺序编号，定期装订。装订成册后，按实际使用的账页顺序编定页码，再填写账簿启用和交接登记表，并另加目录注明每个账户的名称和页次。

2

三、会计建账示例

(一) 示例企业相关资料

(1) 公司名称：芜江市思达有限责任公司(简称思达公司)。

(2) 性质：有限责任公司，增值税一般纳税人。

(3) 生产组织与工艺流程：公司下设一个生产车间，单步骤大量生产甲产品和乙产品。

(4) 原材料的收发按实际成本计价核算，发出材料的实际单位成本按移动加权平均法计算。

(5) 产成品的收发按实际成本计价核算，发出产成品的实际单位成本按全月一次加权平均法计算。

(6) 计算中要求精确到小数点后 2 位，尾差按业务需要进行调整。

(7) 公司执行中华人民共和国财政部制定的《企业会计准则》。

(8) 公司 2019 年 7 月份总账账户期初余额资料如表 2－3 所示。

表 2－3　总账账户期初余额表

账户名称	借方余额	账户名称	贷方余额
库存现金	3 281.00	短期借款	50 000.00
银行存款	897 205.00	应付账款	3 800.00
交易性金融资产	90 000.00	应交税费	3 600.00
应收账款	12 000.00	累计折旧	47 400.00
原材料	38 800.00	实收资本	3 026 000.00
库存商品	168 400.00	盈余公积	170 540.00
周转材料	4 000.00	利润分配	40 928.00
固定资产	2 096 800.00		
生产成本	31 782.00		
合　计	3 342 268.00	合　计	3 342 268.00

(9) 公司 2019 年 7 月份部分明细账户期初余额如下：

①“应收账款”账户：大鑫公司 12 000 元。

②“原材料——A 材料”账户：数量 220 千克，单价 140 元，成本 30 800 元；
“原材料——B 材料”账户：数量 80 千克，单价 100 元，成本 8 000 元。

③“应付账款”账户：东兴工厂 2 000 元，鸿达工厂 1 800 元。

④“生产成本——甲产品”账户：直接材料 18 260 元，直接人工 11 940 元，制造费用 1 582 元。

⑤“库存商品——甲产品”账户：数量 300 件，金额 138 000 元；
“库存商品——乙产品”账户：数量 100 件，金额 30 400 元。

(二) 会计建账

根据思达公司的资料设置相关总账、日记账、明细账并登记期初余额如下：

1. 根据资料设置相关总账

以“原材料”“短期借款”“实收资本”三个账户示例，如表 2-4、表 2-5、表 2-6 所示。

表 2-4 “原材料”账户

账户名称：原材料

2019 年		凭证号数	摘 要	借 方	贷 方	借或贷	余 额
月	日						
7	01		期初余额			借	38 800.00

表 2-5 “短期借款”账户

账户名称：短期借款

2019 年		凭证号数	摘 要	借 方	贷 方	借或贷	余 额
月	日						
7	01		期初余额			贷	50 000.00

表 2-6 “实收资本”账户

账户名称：实收资本

2019 年		凭证号数	摘 要	借 方	贷 方	借或贷	余 额
月	日						
7	01		期初余额			贷	3 026 000.00

2. 根据资料设置日记账

以“现金日记账”和“银行存款日记账”示例，如表 2-7、表 2-8 所示。

表 2-7 现金日记账

2019 年		凭证号数	摘 要	对方科目	收 入	付 出	结 余
月	日						
7	01		期初余额				3 281.00

2

表 2-8 银行存款日记账

2019年		凭证号数	摘要	对方科目	收入	付出	结余
月	日						
7	01		期初余额				897 205.00

3. 根据资料设置明细账

以“应收账款”“原材料”“生产成本”三个明细账户示例，如表 2-9、表 2-10、表 2-11 和表 2-12 所示。

表 2-9 应收账款明细账

明细科目：大鑫公司　　　　第　页

2019年		凭证号数	摘要	借方	贷方	借或贷	余额
月	日						
7	01		期初余额			借	12 000.00

表 2-10 原材料明细账

存货编号：（略）　　计量单位：千克
存货类别：（略）　　最高存量：（略）
品名及规格：A材料　　最低存量：（略）

2019年		凭证号数	摘要	收入			发出			结存		
月	日			数量	单价	金额	数量	单价	金额	数量	单价	金额
7	01		期初余额							220.00	140.00	30 800.00

表 2-11 原材料明细账

存货编号：（略）　　计量单位：千克
存货类别：（略）　　最高存量：（略）
品名及规格：B材料　　最低存量：（略）

2019年		凭证号数	摘要	收入			发出			结存		
月	日			数量	单价	金额	数量	单价	金额	数量	单价	金额
7	01		期初余额							80.00	100.00	8 000.00

表 2－12 **生产成本明细账**

产品名称：甲产品　　　　　　　　　　　　　　第　页

2019年		凭证号数	摘　要	成本项目			合计
月	日			直接材料	直接人工	制造费用	
7	01		期初余额	18 260.00	11 940.00	1 582.00	31 782.00

项目三　填制原始凭证

任务一　填制收发料凭证

【实训目标】

通过实训，能够规范填制收料单、发料单、限额领料单、发料凭证汇总表等常见的企业收发料凭证。

【实训资料】

中兴公司 2019 年 3 月发生如下经济业务：

(1) 5 日，从鸿达公司购进(发票编号：№ 00301212)的原料—A 材料(编号 01 - 1)运到，验收入材料库。应收 A 材料 1 050 千克，实收 1 050 千克，单价 26 元，运费 420 元，共计 27 720 元。

(2) 7 日，从伟星公司购进(发票编号：№ 00005017)的原料—B 材料(编号 01 - 2)运到，验收入材料库。应收 B 材料 840 千克，实收 840 千克，单价 32 元，共计 26 880 元。

(3) 8 日，一车间从材料库领用原料—A 材料 120 千克用于甲产品生产，A 材料单价 26.40 元，计 3 168 元；从材料库领用原料—B 材料 16 千克用于甲产品生产，B 材料单价 32 元，计 512 元。

(4) 17 日，一车间从材料库领用原料—A 材料 200 千克用于甲产品生产，A 材料单价 26.40 元，计 5 280 元；从材料库领用原料—B 材料 24 千克用于甲产品生产，B 材料单价 32 元，计 768 元。

(5) 17 日，厂部从材料库领用原料—A 材料 27 千克用于一般耗用，A 材料单价 26.40 元，计 712.80 元。

(6) 二车间生产领料实行限额领料制，3 月份生产乙产品需领用原料—C 材料(编号 01 - 3)限额为 1 500 千克，具体领料情况如下：2 日，领料 216 千克；10 日，领料 600 千克；16 日，领料 400 千克；26 日，领料 247 千克。

【实训要求】

(1) 根据实训资料填制相应的收发料凭证(实训材料 3 - 1 - 1～实训材料 3 - 1 - 7)。

（2）根据实训资料（4）、实训资料（5）填制的发料单，汇总编制发料凭证汇总表。

（3）实训所需材料：收料单 2 张，领料单 3 张，限额领料单 1 张，发料凭证汇总表 1 张。

实训材料 3-1-1

收 料 单

供货单位： 凭证编号：

发票编号： 年 月 日 收料仓库：

类别	编号	名称	规格	单位	数量		实际成本			
					应收	实收	单价	金额	运费	合计

主管： 记账： 仓库保管： 经办人：

实训材料 3-1-2

收 料 单

供货单位： 凭证编号：

发票编号： 年 月 日 收料仓库：

类别	编号	名称	规格	单位	数量		实际成本			
					应收	实收	单价	金额	运费	合计

主管： 记账： 仓库保管： 经办人：

实训材料 3-1-3

领 料 单

领料单位： 年 月 日 ________发料第________号

类别	编号	名称	规格	单位	数量		单价	金额
					请领	实发		
用途					领料部门		发料部门	
					负责人	领料人	核准人	发料人

实训材料 3－1－4

领 料 单

领料单位： 年 月 日 ________发料第________号

类别	编号	名称	规格	单位	数 量		单价	金额
					请领	实发		
用途					领料部门		发料部门	
					负责人	领料人	核准人	发料人

实训材料 3－1－5

领 料 单

领料单位： 年 月 日 ________发料第________号

类别	编号	名称	规格	单位	数 量		单价	金额
					请领	实发		
用途					领料部门		发料部门	
					负责人	领料人	核准人	发料人

实训材料 3－1－6

限 额 领 料 单

材料类别：

领料单位： 年 月 编号：

用途： 仓库：

材料编号	材料名称规格	计量单位	领用限额	实际领用			备注
				数量	单位	金额	
供应部门负责人（签章）			生产计划部门负责人（签章）				

日期	请 领		实 发			退 库			限额结余
	数量	领料签章	数量	发料签章	领料签章	数量	发料签章	退料签章	
合 计									

主管： 记账： 仓库保管： 经办人：

实训材料 3－1－7

发料凭证汇总表

年　月　日

领料部门	材料名称	用　途	单　位	数　量	单　价	金　额
合　计						

主管：　　　　记账：　　　　仓库保管：

【实训指引】

一、原始凭证的填制要求

（一）原始凭证填制的基本要求

1. 经济内容真实合法

原始凭证填制的日期、业务内容和数字必须是真实可靠的，同时必须符合法律、行政法规和国家统一的会计制度的规定。

2. 填制要及时

原始凭证必须按照经济业务的执行完成情况，及时填制，并按规定程序及时递交会计部门，保证会计信息的时效性。

3. 项目要齐全

原始凭证的基本内容要填写齐全，不得遗漏，并且填写手续要完备，文字说明要简明扼要。

4. 经济责任要明确

从外单位取得的原始凭证，必须盖有填制单位的公章；从个人取得的原始凭证，必须有填制人员的签名或者盖章。自制原始凭证必须有经办单位领导人或其指定人员的签名或者盖章。对外开出的原始凭证，必须加盖本单位公章。

（二）原始凭证填制的其他要求

（1）填有大写和小写金额的原始凭证，大写金额与小写金额必须相符。购买实物的原始凭证，必须有验收证明。支付款项的原始凭证，必须有收款单位和收款人的收款证明。

（2）一式几联的原始凭证，应当注明各联的用途，只能以一联作为报销凭证。一式几联的发票和收据，必须用双面复写纸（发票和收据本身具备复写纸功能的除外）套写，并连续编号。作废时应当加盖“作废”戳记，连同存根一起保存，不得撕毁。

（3）发生销货退回的，除填制退货发票外，还必须有退货验收证明；退款时，必须取得对方的收款收据或者汇款银行的凭证，不得以退货发票代替收据。

（4）职工公出借款凭据，必须附在记账凭证之后。收回借款时，应当另开收据或者退还借据副本，不得退还原借款收据。

（5）经上级有关部门批准的经济业务，应当将批准文件作为原始凭证附件。如果批准文件需要单独归档的，应当在凭证上注明批准机关名称、日期和文件字号。

（6）原始凭证不得涂改、挖补。发现原始凭证有错误的，应当由开出单位重开或者更正，更正处应当加盖开出单位的公章。

二、“收料单”的填制

收料单是企业购进材料验收入库时，由仓库保管人员根据购入材料的实际验收情况填制的一次性原始凭证。收料单一般一式三联，一联由仓库留存据以登记材料明细账，一联是会计部门付款和编制记账凭证的依据，一联交采购人员存查。其具体格式如表 3－1 所示。

3

表 3－1

收 料 单

供货单位：红光公司　　　　凭证编号：889

发票编号：00201409　　2018 年 1 月 10 日　　收料仓库：一库

类别	编号	名称	规格	单位	数量		实际成本			
					应收	实收	单价	金额	运费	合计
辅料	087	2料	一级	千克	600	600	3.00	1 800.00	60.00	1 860.00

主管：钱理　　记账：　　仓库保管：李安　　经办人：张进

三、“领料单”的填制

领料单是一种一次有效的发料凭证，要“一料一单”地填制。领料单应填制多联，一联由仓库留存，一联交会计部门据以记账，一联由领料部门带回，作为核算的依据。其具体格式如表 3－2 所示。

表 3－2

领 料 单

领料单位：一车间　　2018 年 1 月 15 日　　一库发料第009号

类别	编号	名称	规格	单位	数量		单价	金额
					请领	实发		
辅料	087	2料	一级	千克	200	200	3.10	620.00
用途	车间用				领料部门		发料部门	
					负责人	领料人	核准人	发料人
					赵全	孙夭	李安	吴浩

四、“限额领料单”的填制

限额领料单是一种多次使用的累计领发料凭证，在有效期内（一般为一个月或一个产品生产周期）累计领用数量不超过限额就可以连续使用。该单一料一单，一般一式三联。一联为存根联，由企业生产部门作为计算产品成本的依据；一联为记账联，是会计部门编制记账凭证的依据；一联为发料单，是仓库发货和登记材料明细账的依据。限额领料单的填制如例 3－1至例 3－4 所示。

【例 3-1】 2018 年 1 月，宏兴制造厂生产一车间根据生产计划和材料消耗定额确定本月生产领用 0112 号材料 2 500 千克，填制限额领料单如表 3-3 所示。

表 3-3

限额领料单

材料类别：金属类
领料单位：一车间　　　　2018 年 1 月　　　　编号：B—211
用途：生产 A 产品　　　　仓库：一库

材料编号	材料名称规格	计量单位	领用限额	实际领用			备注
				数量	单位	金额	
0112	22mm 钢	千克	2 500				

供应部门负责人(签章) 周杰　　　　生产计划部门负责人(签章) 黄军

日期	请领		实发			退库			限额结余
	数量	领料签章	数量	发料签章	领料签章	数量	发料签章	退料签章	
合　计									

主管：　　　　记账：　　　　仓库保管：　　　　经办人：

【例 3-2】 接【例 3-1】，2018 年 1 月 2 日，一车间生产领用 0112 号材料 500 千克，继续填制限额领料单如表 3-4 所示。

表 3-4

限额领料单

材料类别：金属类
领料单位：一车间　　　　2018 年 1 月　　　　编号：B—211
用途：生产 A 产品　　　　仓库：一库

材料编号	材料名称规格	计量单位	领用限额	实际领用			备注
				数量	单位	金额	
0112	22mm 钢	千克	2 500				

供应部门负责人(签章) 周杰　　　　生产计划部门负责人(签章) 黄军

日期	请领		实发			退库			限额结余
	数量	领料签章	数量	发料签章	领料签章	数量	发料签章	退料签章	
2	500	孙云	500	李安	孙云				2 000
合　计									

主管：　　　　记账：　　　　仓库保管：李安　　　　经办人：孙云

【例 3-3】 接【例 3-2】,2018 年 1 月 5 日和 1 月 16 日,一车间又分别领用 0112 号材料 550 千克和 950 千克,则分别在 5 日和 16 日继续填制限额领料单如表 3-5 所示。

表 3-5

限额领料单

材料类别:金属类
领料单位:一车间　　　　2018 年 1 月　　　　编号:B—211
用途:生产 A 产品　　　　　　　　　　　　　仓库:一库

材料编号	材料名称规格	计量单位	领用限额	实际领用			备注
				数量	单位	金额	
0112	22mm 钢	千克	2 500				

供应部门负责人(签章) 周杰　　生产计划部门负责人(签章) 黄军

日期	请领		实发			退库			限额结余
	数量	领料签章	数量	发料签章	领料签章	数量	发料签章	退料签章	
2	500	孙云	500	李安	孙云				2 000
5	550	孙云	550	李安	孙云				1 450
16	950	孙云	950	李安	孙云				500
合计									

主管:　　记账:　　仓库保管:李安　　经办人:孙云

【例 3-4】 接【例 3-3】,2018 年 1 月 31 日,一车间汇总本月领料情况,继续填制限额领料单如表 3-6 所示。

表 3-6

限额领料单

材料类别:金属类
领料单位:一车间　　　　2018 年 1 月　　　　编号:B—211
用途:生产 A 产品　　　　　　　　　　　　　仓库:一库

材料编号	材料名称规格	计量单位	领用限额	实际领用			备注
				数量	单位	金额	
0112	22mm 钢	千克	2 500	2 000	2.00	4 000.00	

供应部门负责人(签章) 周杰　　生产计划部门负责人(签章) 黄军

日期	请领		实发			退库			限额结余
	数量	领料签章	数量	发料签章	领料签章	数量	发料签章	退料签章	
2	500	孙云	500	李安	孙云				2 000
5	550	孙云	550	李安	孙云				1 450
16	950	孙云	950	李安	孙云				500
合计	2 000		2 000						500

主管:　　记账:　　仓库保管:李安　　经办人:孙云

四、"发料凭证汇总表"的填制

发料凭证汇总表是由会计根据各部门领用材料时填制的领发料单，按照材料的类别和用途定期汇总编制的凭证。其具体格式如表3-7所示。

表3-7

发料凭证汇总表

2018年1月31日

领料部门	材料名称	用途	单位	数量	单价	金额
一车间	甲材料	A产品	千克	2 560	2.50	6 400.00
一车间	乙材料	一般耗用	千克	360	5.00	1 800.00
二车间	丙材料	B产品	千克	1 440	10.00	14 400.00
厂部	机物料	一般耗用	千克	80	15.00	1 200.00
合计						23 800.00

主管：李财　　记账：　　仓库保管：王安

任务二　填制收据、发票

【实训目标】

通过实训，能够规范填制收据、增值税专用发票。

【实训资料】

新华办公用品公司（地址：临江市利民路166号；电话：0553-5916466；开户银行：中国工商银行利民路办事处；账号：11-49720；纳税人识别号：91341009305518320G）2019年7月发生如下经济业务：

(1) 3日，向光大公司（地址：临江市中山路56号；电话：0553-2832818；开户银行：工商银行中山路办事处；账号：02-14518；纳税人识别号：91341007396710320E）销售A3复印纸100箱，单价230元，增税率13%，开具增值税专用发票1张。

(2) 10日，收到办公室张鑫交来出差借款余款现金137元，开具收据1张。

【实训要求】

(1) 根据实训资料填制相应的收据、发票等凭证（实训材料3-2-1～实训材料3-2-2）。

(2) 实训所需材料：增值税专用发票1张，收据1张。

3

实训材料 3-2-1

3400183130　　**安徽增值税专用发票**　　№ 00634901

此联不作报销、扣税凭证使用　　开票日期：

购买方	名　　称： 纳税人识别号： 地 址、电 话： 开户行及账号：				密码区	（略）		
货物或应税劳务、服务名称	规格型号	单位	数 量	单 价	金　额	税率	税　额	
合　　计								
价税合计（大写）					（小写）			
销售方	名　　称： 纳税人识别号： 地 址、电 话： 开户行及账号：				备注			

收款人：　　复核：　　开票人：　　销售方：（章）

税总函〔2018〕248号西安印钞有限公司

第一联：记账联　销售方记账凭证

实训材料 3-2-2

收 款 收 据　　№ 00515620

第三联：记账　　年　月　日

今收到 ________________
人民币 ________________
系　付 ________________

单位盖章：　　会计：　　出纳：　　经手人：

【实训指引】

一、"增值税专用发票"的填制

增值税专用发票是一般纳税人于销售应税商品或提供应税劳务、服务时开具的销售发票。专用发票的基本联次为三联：第一联为记账联，由销售方作销售的记账依据；第二联为抵扣联，交购买方作为税款抵扣凭证；第三联为发票联，交购买方作为结算凭证。其具体格式如表 3-8 所示。

表 3－8　　增值税专用发票

安徽增值税专用发票

3400183130　　发票联　　№ 00005631　　3400183130 005631

开票日期：2019年07月08日

购买方	名　　称：中兴公司 纳税人识别号：91341001012383452K 地 址、电 话：临江市东芜路82号　0553-4846158 开户行及账号：工商银行东芜路办事处　26-98098	密码区	37<2*-1/227<7++0+1299<4*599 <1+2040>0>+6*80<81>+7353580 08349<199-7>3*9/1/*68**0270 1299<4*040>0123456789+-*/<>

货物或应税劳务、服务名称	规格型号	单位	数量	单价	金额	税率	税额
*化学原料及制品*A材料		千克	10 000	0.98	9 800.00	13%	1 274.00
*化学原料及制品*B材料		千克	10 000	1.48	14 800.00	13%	1 924.00
合　　计					¥ 24 600.00		¥ 3 198.00
价税合计（大写）	⊗贰万柒仟柒佰玖拾捌元整				（小写）¥ 27 798.00		

销售方	名　　称：临江红星材料厂 纳税人识别号：913430015037508 61R 地 址、电 话：临江市银湖路97号　0553-5688989 开户行及账号：工商银行银湖路办事处　32-17519	备注	临江红星材料厂 91343001503750861R 发票专用章

收款人：　　复核：　　开票人：刘建　　销售方：（章）

第三联：发票联　购买方记账凭证

税总函〔2018〕248号西安印钞有限公司

二、内部“收据”的填制

内部收据是单位内部的自制凭据，用于单位内部发生的业务，如材料内部调拨、收取员工押金、退还多余出差借款等。这种内部自制收据是合法的凭据，可以作原始凭证入账核算。收据的基本联次为三联：第一联为存根联，开具方留存备查；第二联为收据联，收执方作为付款原始凭证；第三联为记账联，开具方作为记账原始凭证。其具体格式见表 3－9。

表 3－9　　收 款 收 据　　№ 00209548

第三联：记账　　2018 年 3 月 12 日

今收到　张平

人民币　贰佰元整（¥200.00）

系　付　工作服押金

（印章：芜湖市万家商场 91341001012367120B 发票专用章）

单位盖章：　　会计：　　出纳：张力　　经手人：李湘

任务三　填制票据和结算凭证

【实训目标】

通过实训，能够规范填制支票、银行进账单等票据和结算凭证。

【实训资料】

新华办公用品公司(地址：临江市利民路166号；电话：0553－5916466；开户银行：工商银行利民路办事处；账号：11－49720；纳税人识别号：91341009305518320G)2018年3月份发生如下经济业务：

(1) 3日，开出转账支票偿付临江红星材料厂货款10 000元，填制转账支票1张，存根入账。

(2) 6日，收到光大公司(开户银行：中国工商银行中山路办事处；账号：02－14518)转账支票1张，票据号码00218540，系付货款26 910元。填写银行进账单1张，将款项存入银行。

(3) 12日，采购科李明出差预借旅费1 500元，以现金支票付讫。填制现金支票1张，支票存根入账。

3

【实训要求】

(1) 根据实训资料填制相应的支票、银行进账单等票据和结算凭证(实训材料3－3－1～实训材料3－3－3)。

(2) 训练所需材料：转账支票1张，现金支票1张，银行进账单1张。

实训材料3－3－1

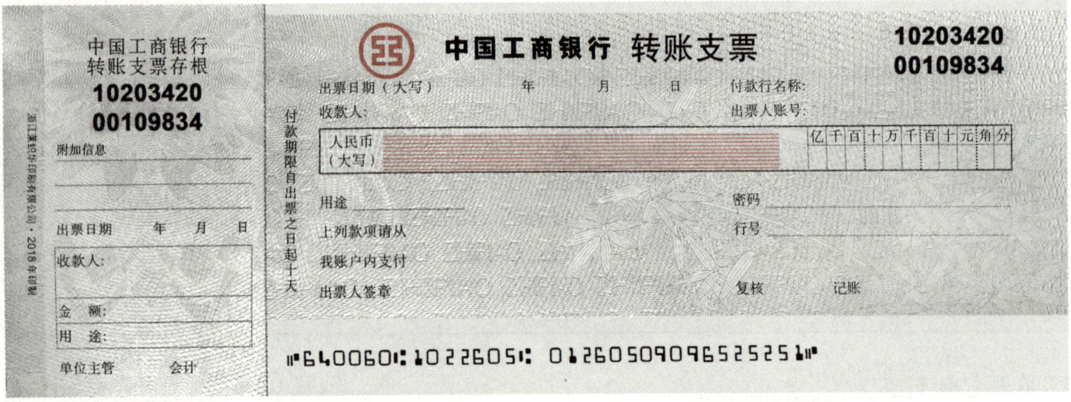
中国工商银行
转账支票存根
10203420
00109834
附加信息
出票日期 年 月 日
收款人：
金 额：
用 途：
单位主管 会计

中国工商银行 转账支票 10203420 00109834
出票日期（大写） 年 月 日 付款行名称：
收款人： 出票人账号：
付款期限自出票之日起十天
人民币（大写） 亿 千 百 十 万 千 百 十 元 角 分
用途 密码
上列款项请从 行号
我账户内支付
出票人签章 复核 记账

实训材料3－3－2

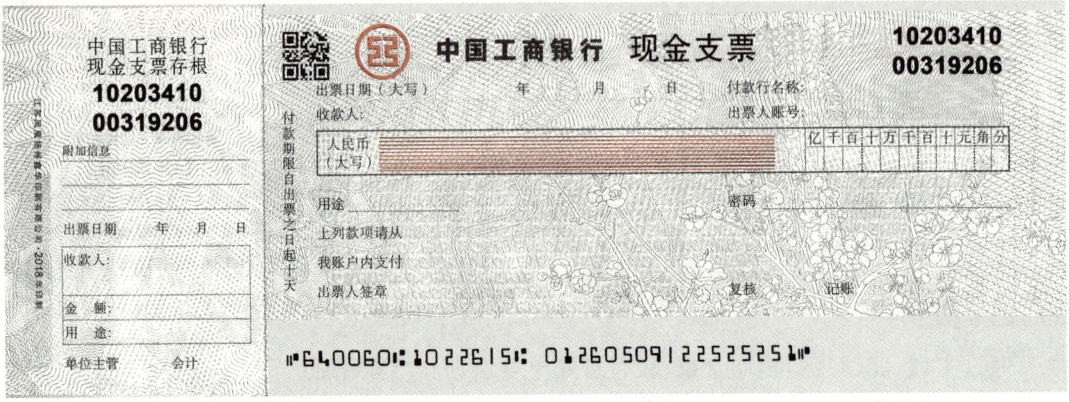
中国工商银行
现金支票存根
10203410
00319206
附加信息
出票日期 年 月 日
收款人：
金 额：
用 途：
单位主管 会计

中国工商银行 现金支票 10203410 00319206
出票日期（大写） 年 月 日 付款行名称：
收款人： 出票人账号：
付款期限自出票之日起十天
人民币（大写） 亿 千 百 十 万 千 百 十 元 角 分
用途 密码
上列款项请从
我账户内支付
出票人签章 复核 记账

实训材料 3-3-3

中国工商银行　进账单（收账通知）　**3**

年　月　日

出票人	全　称		收款人	全　称	
	账　号			账　号	
	开户银行			开户银行	
金额	人民币（大写）		亿 千 百 十 万 千 百 十 元 角 分		
票据种类		票据张数			
票据号码					
复核　记账			收款人开户银行签章		

此联是收款人开户银行交给收款人的收账通知

3

【实训指引】

一、"支票"的填制

支票是由付款单位签发，通过银行从其存款账户中将款项支付给收款人的一种票据。其具体格式如表 3-10 所示。

表 3-10　支　票

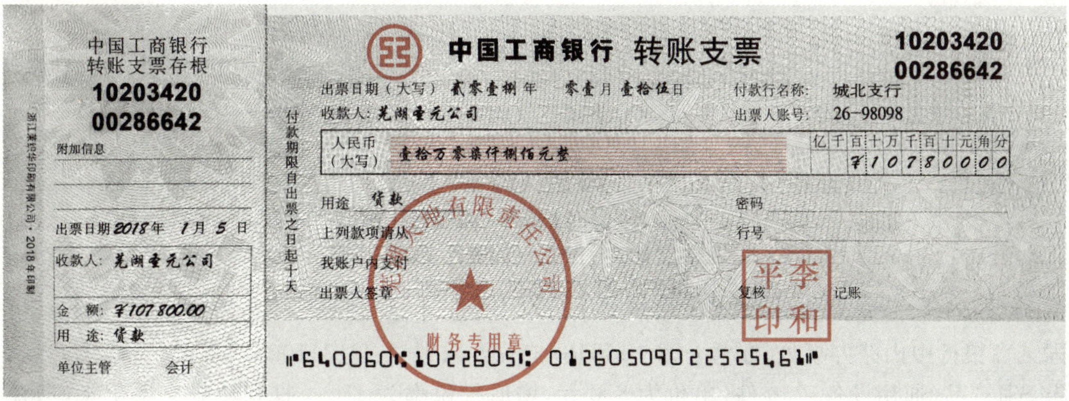
中国工商银行 转账支票存根
10203420
00286642
附加信息
出票日期 2018 年 1 月 5 日
收款人：芜湖壹元公司
金　额：¥107 800.00
用　途：货款
单位主管　会计

中国工商银行　转账支票　10203420 00286642
出票日期（大写）贰零壹捌年 零壹月 壹拾伍日　付款行名称：城北支行
收款人：芜湖壹元公司　出票人账号：26-98098
付款期限自出票之日起十天
人民币（大写）壹拾万零柒仟捌佰元整　¥107800.00
用途　货款　密码
上列款项请从　行号
我账户内支付
出票人签章　复核　记账
财务专用章
平李印和

二、"银行进账单"的填制

银行进账单是由进账单位填写，将其款项存入银行的一种票据。进账单一式三联：第一联加盖业务单位公章退持票人作为银行受理回单；第二联由银行留存作为贷方收入凭证；第三联加盖转讫章作为收账通知交持票人。其具体格式如表 3-11 所示。

表 3-11

银行进账单

中国工商银行 进账单（收账通知） **3**

2018 年 1 月 15 日

出票人	全称	安徽芜湖圣元公司	收款人	全称	安徽芜湖大地公司
	账号	26-961204		账号	26-980987
	开户银行	工行镜湖分理处		开户银行	工行城北支行

金额	人民币（大写）	亿	千	百	十	万	千	百	十	元	角	分
	壹拾万零柒仟捌佰元整			¥	1	0	7	8	0	0	0	0

票据种类	转账支票	票据张数	1
票据号码	00286642		

复核 记账

中国工商银行芜湖市分行城北支行 2018-01-15 转讫 (6)

收款人开户银行签章

此联是收款人开户银行交给收款人的收账通知

任务四 填制常见原始凭证

【实训目标】

通过实训，能够正确识别并规范填制常见原始凭证。

【实训资料】

（一）项目二的相关账务资料

（二）中兴公司 2019 年 7 月 1 日至 28 日发生的经济业务内容

（1）2 日，从临江市东风工厂购入一批材料，款项未付，材料已验收入库。（提示：填制收料单。）

（2）2 日，向光大公司（地址：临江市中山路 56 号；电话：0553-2832818；开户银行：中国工商银行中山路办事处；账号：02-14518；纳税人识别号：91341007396710320E，下同）销售 ST 产品（通用设备）250 件，单价为 800 元，增值税税率为 13%，收到转账支票 1 张，送存银行。（提示：填制增值税专用发票、银行进账单。）

（3）3 日，开出转账支票偿付前欠货款临江市南海工厂 1 200 元，临江市东风工厂 80 000 元。（提示：填制转账支票，存根入账。）

（4）3 日，办公室王宁出差预借差旅费 1 300 元，以现金付讫。

（5）7 日，生产车间领用 AKD 材料 261 千克、BYS 材料 120 千克，用于 ST 产品生产；领用 BYS 材料 10 千克为车间一般耗用。（提示：填制领料单。）

(6) 8 日，收到光大公司转账支票 1 张，偿付所欠账款 12 000 元，存入银行。（提示：填写银行进账单。）

(7) 9 日，办公室王宁报销差旅费，并退回剩余现金。（提示：填制现金收据。）

(8) 10 日，向临江市慈善总会捐款 5 000 元。（提示：填制转账支票，存根入账。）

(9) 11 日，从临江市南海工厂购入材料一批，款项已支付，材料尚未到达入库。（提示：填制转账支票，存根入账。）

(10) 15 日，上述从临江市南海工厂所购材料验收入库。（提示：填制收料单。）

(11) 15 日，领用 BYS 材料 200 千克，用于 TM 产品生产。（提示：填制领料单。）

(12) 18 日，支付车间生产用设备日常维护修理费。（提示：填制转账支票，存根入账。）

(13) 18 日，向光大公司销售 ST 产品（通用设备）100 件，单价为 800 元，增值税税率为 13%，款项暂未收到。（提示：填制增值税专用发票。）

(14) 21 日，支付本月电费。电费按电表分配：车间用电 1 600 度，行政部门用电640 度。（提示：填制转账支票，存根入账；填制费用分配表。）

(15) 25 日，从银行提取现金 1 000 元备用。（提示：填制现金支票，存根入账。）

(16) 25 日，发放职工薪酬，应发薪酬为 91 733 元，代扣职工个人所得税 187 元，实发薪酬 91 546 元。

(17) 25 日，收到恒力公司（地址：临江市大工山路 32 号；电话：0553－4527866；开户银行：中国工商银行大工山路办事处；账号：02－13647；纳税人识别号：91341007396710464D）本月设备租金，价税合计 2 260 元，将转账支票 1 张送存银行。（提示：填制增值税专用发票和银行进账单。）

(18) 28 日，收到光大公司转账支票 1 张，偿付所欠 18 日货款 90 400 元，存入银行。（提示：填制银行进账单。）

(19) 28 日，支付广告费。（提示：填制转账支票，存根入账。）

（三）相关原始凭证（实训材料 3－4－1－1～实训材料 3－4－19－2）

3

3

实训材料 3－4－1－1

安徽增值税专用发票

发票联

3400183130　　№ 00005631　　3400183130　00005631

开票日期：2019年07月02日

购买方	名称：中兴公司 纳税人识别号：91341001012383452K 地址、电话：临江市东芜路82号　0553-4846158 开户行及账号：工商银行东芜路办事处　26-98098	密码区	37<2*-1/227<7--0+1299<4*>88 <1+2040>0>+6*80<81>+7353580 08349<199-7>3*9/1/*68**0>88 1299<4*040>0123456789+-*/<>

货物或应税劳务、服务名称	规格型号	单位	数量	单价	金额	税率	税额
*金属制品*AKD材料		千克	400	140.00	56 000.00	13%	7 280.00
*金属制品*BYS材料		千克	120	110.00	13 200.00	13%	1 716.00
合计					¥ 69 200.00		¥ 8 996.00
价税合计（大写）	⊗柒万捌仟壹佰玖拾陆元整				（小写）¥ 78 196.00		

销售方	名称：临江市东风工厂 纳税人识别号：91343001503750963H 地址、电话：临江市银湖路46号　0553-3678910 开户行及账号：工商银行银湖路办事处　35-37450	备注	

收款人：　　复核：　　开票人：王林　　销售方：（章）

临江市东风工厂　91343001503750963H　发票专用章

第三联：发票联　购买方记账凭证

税总函[2018]248号西安印钞有限公司

实训材料 3－4－1－2

中兴公司收料单

供货单位：　　　　　　　　　　　　凭证编号：

发票编号：　　　　　年　月　日　　收料仓库：

类别	编号	名称	规格	单位	数量		实际成本			
					应收	实收	单价	金额	运费	合计

主管：　　记账：　　仓库保管：　　经办人：

实训材料 3－4－1－3

中兴公司收料单

供货单位：　　　　　　　　　　　　凭证编号：

发票编号：　　　　　年　月　日　　收料仓库：

类别	编号	名称	规格	单位	数量		实际成本			
					应收	实收	单价	金额	运费	合计

主管：　　记账：　　仓库保管：　　经办人：

实训材料 3-4-2-1

安徽增值税专用发票

3400183130 № 00634901

此联不作报销、扣税凭证使用 开票日期：

购买方	名称： 纳税人识别号： 地址、电话： 开户行及账号：				密码区	（略）		
货物或应税劳务、服务名称	规格型号	单位	数量	单价	金额	税率	税额	
合计								
价税合计（大写）					（小写）			
销售方	名称： 纳税人识别号： 地址、电话： 开户行及账号：				备注			

收款人： 复核： 开票人： 销售方：（章）

税总函[2018]248号西安印钞有限公司

第一联：记账联 销售方记账凭证

实训材料 3-4-2-2

中国工商银行 进账单（收账通知） 3

年 月 日

出票人	全称		收款人	全称	
	账号			账号	
	开户银行			开户银行	
金额	人民币（大写）		亿 千 百 十 万 千 百 十 元 角 分		
票据种类		票据张数			
票据号码					
复核 记账			收款人开户银行签章		

此联是收款人开户银行交给收款人的收账通知

实训材料 3－4－3－1

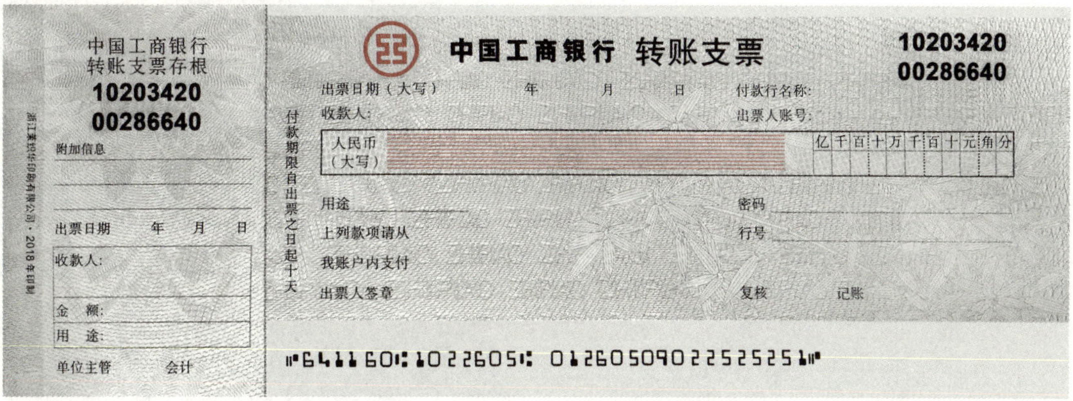

中国工商银行
转账支票存根
10203420
00286640
附加信息
出票日期 年 月 日
收款人:
金 额:
用 途:
单位主管 会计

中国工商银行 转账支票
10203420
00286640
出票日期（大写） 年 月 日 付款行名称:
收款人: 出票人账号:
人民币（大写） 亿 千 百 十 万 千 百 十 元 角 分
付款期限自出票之日起十天
用途 密码
上列款项请从 行号
我账户内支付
出票人签章 复核 记账

实训材料 3－4－3－2

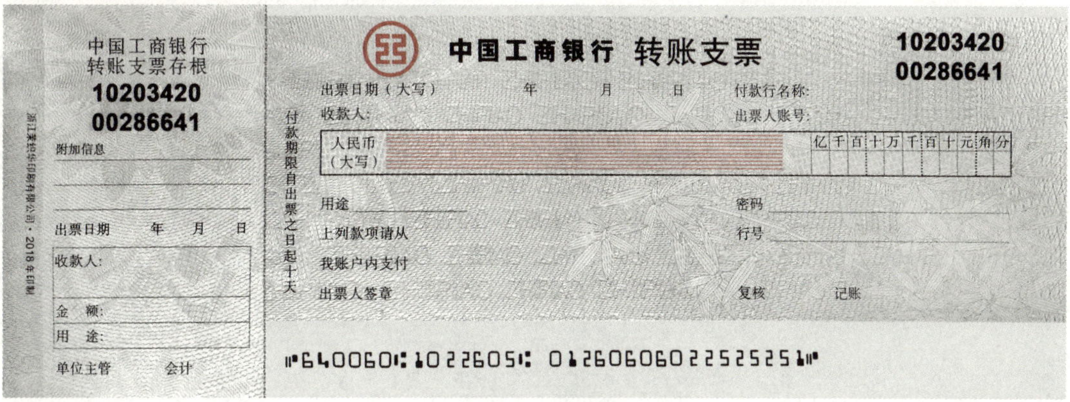

中国工商银行
转账支票存根
10203420
00286641
附加信息
出票日期 年 月 日
收款人:
金 额:
用 途:
单位主管 会计

中国工商银行 转账支票
10203420
00286641
出票日期（大写） 年 月 日 付款行名称:
收款人: 出票人账号:
人民币（大写） 亿 千 百 十 万 千 百 十 元 角 分
付款期限自出票之日起十天
用途 密码
上列款项请从 行号
我账户内支付
出票人签章 复核 记账

实训材料 3－4－4－1

中兴公司借款单

2019 年 7 月 3 日

借款人姓名	王 宁	部 门	办公室
借款金额	（大写）壹仟叁佰元整 ￥1 300.00		
借款理由	出差		
批准人	杨云天	归还时间	

3

实训材料 3－4－5－1

中兴公司领料单

领料单位：　　　　年　月　日　　　　________发料第________号

<table>
<tr><td rowspan="2">类别</td><td rowspan="2">编号</td><td rowspan="2">名称</td><td rowspan="2">规格</td><td rowspan="2">单位</td><td colspan="2">数　量</td><td rowspan="2">单价</td><td rowspan="2">金额</td></tr>
<tr><td>请领</td><td>实发</td></tr>
<tr><td></td><td></td><td></td><td></td><td></td><td></td><td></td><td></td><td></td></tr>
<tr><td></td><td></td><td></td><td></td><td></td><td></td><td></td><td></td><td></td></tr>
<tr><td></td><td></td><td></td><td></td><td></td><td></td><td></td><td></td><td></td></tr>
<tr><td rowspan="3">用途</td><td rowspan="3" colspan="4"></td><td colspan="2">领料部门</td><td colspan="2">发料部门</td></tr>
<tr><td>负责人</td><td>领料人</td><td>核准人</td><td>发料人</td></tr>
<tr><td></td><td></td><td></td><td></td></tr>
</table>

实训材料 3－4－5－2

中兴公司领料单

领料单位：　　　　年　月　日　　　　________发料第________号

<table>
<tr><td rowspan="2">类别</td><td rowspan="2">编号</td><td rowspan="2">名称</td><td rowspan="2">规格</td><td rowspan="2">单位</td><td colspan="2">数　量</td><td rowspan="2">单价</td><td rowspan="2">金额</td></tr>
<tr><td>请领</td><td>实发</td></tr>
<tr><td></td><td></td><td></td><td></td><td></td><td></td><td></td><td></td><td></td></tr>
<tr><td></td><td></td><td></td><td></td><td></td><td></td><td></td><td></td><td></td></tr>
<tr><td></td><td></td><td></td><td></td><td></td><td></td><td></td><td></td><td></td></tr>
<tr><td rowspan="3">用途</td><td rowspan="3" colspan="4"></td><td colspan="2">领料部门</td><td colspan="2">发料部门</td></tr>
<tr><td>负责人</td><td>领料人</td><td>核准人</td><td>发料人</td></tr>
<tr><td></td><td></td><td></td><td></td></tr>
</table>

实训材料 3－4－5－3

中兴公司领料单

领料单位：　　　　年　月　日　　　　________发料第________号

<table>
<tr><td rowspan="2">类别</td><td rowspan="2">编号</td><td rowspan="2">名称</td><td rowspan="2">规格</td><td rowspan="2">单位</td><td colspan="2">数　量</td><td rowspan="2">单价</td><td rowspan="2">金额</td></tr>
<tr><td>请领</td><td>实发</td></tr>
<tr><td></td><td></td><td></td><td></td><td></td><td></td><td></td><td></td><td></td></tr>
<tr><td></td><td></td><td></td><td></td><td></td><td></td><td></td><td></td><td></td></tr>
<tr><td></td><td></td><td></td><td></td><td></td><td></td><td></td><td></td><td></td></tr>
<tr><td rowspan="3">用途</td><td rowspan="3" colspan="4"></td><td colspan="2">领料部门</td><td colspan="2">发料部门</td></tr>
<tr><td>负责人</td><td>领料人</td><td>核准人</td><td>发料人</td></tr>
<tr><td></td><td></td><td></td><td></td></tr>
</table>

实训材料 3-4-6-1

中国工商银行 进账单 （收账通知） 3

年 月 日

出票人	全 称		收款人	全 称	
	账 号			账 号	
	开户银行			开户银行	
金额	人民币（大写）			亿 千 百 十 万 千 百 十 元 角 分	
票据种类		票据张数			
票据号码					
复核 记账				收款人开户银行签章	

此联是收款人开户银行交给收款人的收账通知

实训材料 3-4-7-1

中兴公司差旅费报销单

姓名：王宁　　2019年7月9日

起止日期	起止地点	汽车费	火车费	飞机费	途中补助	住宿费	住勤补助	杂费	合计	单据
7月3日	临江—北京		216.00		20.00				236.00	2
7月4—7日	住 勤					600.00	80.00		680.00	1
7月8日	北京—临江		216.00		20.00				236.00	2
合 计			432.00		40.00	600.00	80.00		1 152.00	
合计报销金额（大写）壹仟壹佰伍拾贰元整 ￥1 152.00										

领导批示：请核报 杨云天 7月9日

实训材料 3-4-7-2

收 款 收 据

№ 00512056

第三联：记账　　年 月 日

今收到 ____________________

人民币 ____________________

系 付 ____________________

单位盖章：　　会计：　　出纳：　　经手人：

实训材料 3－4－8－1

安徽省民间组织专用收据

2019 年 7 月 10 日　　　　№ 51013398

交款单位（或个人）：临江市中兴有限责任公司　　　　支付方式：转账

收入项目	标准	金额							
		十	万	千	百	十	元	角	分
1. 会费									
2. 捐赠、资助				5	0	0	0	0	0
3. 代收代办收款									
合　计			¥	5	0	0	0	0	0
人民币大写：伍仟元整									

第二联：收据联

单位（公章）：安徽省临江市慈善总会 财务专用章　　经办人：潘洁　　负责人：

实训材料 3－4－8－2

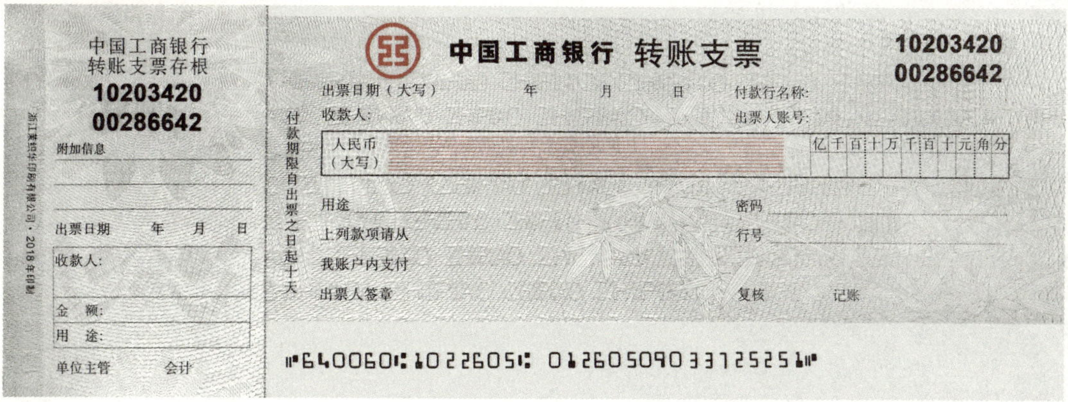
中国工商银行
转账支票存根
10203420
00286642
附加信息
出票日期　年　月　日
收款人：
金　额：
用　途：
单位主管　会计

中国工商银行　转账支票　10203420 00286642
出票日期（大写）　年　月　日　付款行名称：
收款人：　出票人账号：
人民币（大写）　亿 千 百 十 万 千 百 十 元 角 分
付款期限自出票之日起十天
用途　密码
上列款项请从　行号
我账户内支付
出票人签章　复核　记账

实训材料 3－4－9－1

安徽增值税专用发票

3400183130　　№ 00005631　　3400183130 00005631

发票联

开票日期：2019年07月11日

购买方	名　　称：中兴公司 纳税人识别号：91341001012383452K 地 址、电 话：临江市东芜路82号　0553-4846158 开户行及账号：工商银行东芜路办事处　26-98098	密码区	37<2*-1/227<7--0+1299<4*599 <1+2040>0>+6*80<81>+7353580 08349<199-7>3*9/1/*68**0270 1299<4*040>0123456789+-*/<>

货物或应税劳务、服务名称	规格型号	单位	数量	单价	金额	税率	税额
*金属制品*AKD材料		千克	600	140.00	84 000.00	13%	10 920.00
*金属制品*BYS材料		千克	330	100.00	33 000.00	13%	4 290.00
合　　计					¥ 117 000.00		¥ 15 210.00
价税合计（大写）	⊗壹拾叁万贰仟贰佰壹拾元整				（小写）¥ 132 210.00		

销售方	名　　称：临江市南海工厂 纳税人识别号：91343001503751450A 地 址、电 话：临江市劳动路35号　0553-5671729 开户行及账号：工商银行劳动路办事处　27-37451	备注	临江市南海工厂 91343001503751450A

收款人：　　复核：　　开票人：孙宏　　销售方：（章）发票专用章

税总函〔2018〕248号西安印钞有限公司

第三联：发票联　购买方记账凭证

实训材料 3－4－9－2

中国工商银行转账支票存根

10203420
00286643

附加信息

出票日期　　年　　月　　日

收款人：

金　额：

用　途：

单位主管　　会计

浙江某纸印刷有限公司·2018年印制

中国工商银行　转账支票　　10203420　00286643

出票日期（大写）　　年　　月　　日　　付款行名称：

收款人：　　出票人账号：

人民币（大写）	亿	千	百	十	万	千	百	十	元	角	分

付款期限自出票之日起十天

用途　　密码

上列款项请从　　行号

我账户内支付

出票人签章　　复核　　记账

⑈640060⑆102260⑆ 01260509055525251⑈

实训材料 3-4-10-1

中兴公司收料单

供货单位：　　　　　　　　　　　　　　　　　凭证编号：
发票编号：　　　　　　　年　月　日　　　　　收料仓库：

类别	编号	名称	规格	单位	数量		实际成本			
					应收	实收	单价	金额	运费	合计

主管：　　　　记账：　　　　仓库保管：　　　　经办人：

实训材料 3-4-10-2

中兴公司收料单

供货单位：　　　　　　　　　　　　　　　　　凭证编号：
发票编号：　　　　　　　年　月　日　　　　　收料仓库：

类别	编号	名称	规格	单位	数量		实际成本			
					应收	实收	单价	金额	运费	合计

主管：　　　　记账：　　　　仓库保管：　　　　经办人：

实训材料 3-4-11-1

中兴公司领料单

领料单位：　　　　　　年　月　日　　　　______发料第______号

类别	编号	名称	规格	单位	数量		单价	金额
					请领	实发		
用途					领料部门		发料部门	
					负责人	领料人	核准人	发料人

实训材料 3－4－12－1

安徽增值税专用发票

发票联

3400183130　　№ 02645907　　3400183130　02645907

开票日期：2019年07月18日

购买方	名　称：中兴公司 纳税人识别号：91341001012383452K 地址、电话：临江市东芜路82号　0553-4846158 开户行及账号：工商银行东芜路办事处　26-98098	密码区	37<2*-1/227<7--0+1299<4*599 <1+2040>0>+6*80<81>+7353580 08349<199-7>3*9/1/*68**0270 1299<4*040>0123456123+-*/<>

货物或应税劳务、服务名称	规格型号	单位	数量	单价	金额	税率	税额
*劳务*修理修配劳务		次	1	5 260.00	5 260.00	13%	683.80
合　计					¥ 5 260.00		¥ 683.80
价税合计（大写）	⊗ 伍仟玖佰肆拾叁元捌角整				（小写）¥ 5 943.80		

销售方	名　称：临江利民机电安装公司 纳税人识别号：91343001347207863B 地址、电话：临江市长江路266号　0553-4865432 开户行及账号：工行赭山支行　732001263459002	备注	（印章：临江利民机电安装公司 91343001347207863B 发票专用章）

收款人：　　复核：　　开票人：吴玉　　销售方：（章）

第三联：发票联　购买方记账凭证

税总函〔2018〕248号西安印钞有限公司

实训材料 3－4－12－2

中国工商银行 转账支票存根

10203420
00286644

附加信息

出票日期　年　月　日

收款人：

金　额：

用　途：

单位主管　　会计

浙江慈钞印刷有限公司·2018年印制

中国工商银行 转账支票　　10203420　00286644

出票日期（大写）　年　月　日　　付款行名称：

收款人：　　出票人账号：

人民币（大写）	亿	千	百	十	万	千	百	十	元	角	分

付款期限自出票之日起十天

用途　　密码

上列款项请从　　行号

我账户内支付

出票人签章　　复核　　记账

⑈640060⑆1022605⑆ 01260509011225251⑈

实训材料 3－4－13－1

安徽增值税专用发票

3400183130　　№ 00634901

此联不作报销、扣税凭证使用　　开票日期：

购买方	名　　称： 纳税人识别号： 地　址、电　话： 开户行及账号：				密码区	（略）	
货物或应税劳务、服务名称	规格型号	单位	数　量	单　价	金　额	税率	税　额
合　　计							
价税合计（大写）					（小写）		
销售方	名　　称： 纳税人识别号： 地　址、电　话： 开户行及账号：				备注		

收款人：　　复核：　　开票人：　　销售方：（章）

第一联：记账联　销售方记账凭证

税总函〔2018〕248号西安印钞有限公司　012345689789

实训材料 3－4－14－1

安徽增值税专用发票

3400183130　　№ 02521055

3400183130
02521055

发票联　　开票日期：2019年07月21日

购买方	名　　称：中兴公司 纳税人识别号：91341001012383452K 地　址、电　话：临江市东莞路82号　0553-4846158 开户行及账号：工商银行东莞路办事处　26-98098				密码区	37<2*-1/227<7--0+1299<4*599 <1+2040>0>+6*80<81>+7353580 08349<199-7>3*9/1/*68**0270 1299<4*040>7893456789+-*/<>	
货物或应税劳务、服务名称	规格型号	单位	数　量	单　价	金　额	税率	税　额
*供电*售电		度	2 240	1.25	2 800.00	13%	364.00
合　　计					¥ 2 800.00		¥ 364.00
价税合计（大写）	⊗叁仟壹佰陆拾肆元整				（小写）¥ 3 164.00		
销售方	名　　称：临江明远供电公司 纳税人识别号：91343001503413980Q 地　址、电　话：临江市中山路16号　0553-3811506 开户行及账号：工行市营业部　732004891002810				备注		

收款人：　　复核：　　开票人：朱丹　　销售方：（章）临江明远供电公司 91343001503413980Q 发票专用章

第三联：发票联　购买方记账凭证

税总函〔2018〕248号西安印钞有限公司　012345689789

实训材料 3－4－14－2

中国工商银行
转账支票存根
10203420
00286645
附加信息

出票日期 年 月 日
收款人:
金 额:
用 途:
单位主管 会计

浙江某印刷有限公司 · 2018年印制

中国工商银行 转账支票　　10203420 00286645

出票日期（大写） 年 月 日　　付款行名称:
收款人:　　出票人账号:

付款期限自出票之日起十天

人民币（大写）	亿	千	百	十	万	千	百	十	元	角	分

用途　　密码
上列款项请从　　行号
我账户内支付
出票人签章　　复核　　记账

⑈640060⑆10226051⑆ 0126011802252525⑈

实训材料 3－4－14－3

中兴公司费用分配表

分配对象	分配标准	分配率	分摊额
合计			

会计　　复核　　制表

实训材料 3－4－15－1

中国工商银行
现金支票存根
10203410
00287392
附加信息

出票日期 年 月 日
收款人:
金 额:
用 途:
单位主管 会计

中国工商银行 现金支票　　10203410 00287392

出票日期（大写） 年 月 日　　付款行名称:
收款人:　　出票人账号:

付款期限自出票之日起十天

人民币（大写）	亿	千	百	十	万	千	百	十	元	角	分

用途　　密码
上列款项请从
我账户内支付
出票人签章　　复核　　记账

⑈640060⑆10226151⑆ 01260509122525251⑈

实训材料 3-4-16-1

中国工商银行 网上银行电子回单

电子回单号码：000004123199675212３

付款方	户　　名	中兴公司	收款人	户　　名	
	账　　号	26-98098		账　　号	
	开 户 行	工商银行东芜路办事处		开 户 行	
币种		人民币	交易渠道		
金额（小写）		91 546.00	金额（大写）		玖万壹仟伍佰肆拾陆元整
交易时间		2019-07-25　14:38:08	会计日期		201907
附言		发工资			

（印章：中国工商银行 电子回单专用章）

3

实训材料 3-4-17-1

3400183130　　**安徽增值税专用发票**　　№ 00634901

此联不作报销、扣税凭证使用　　　　开票日期：

购买方	名　　称： 纳税人识别号： 地 址、电 话： 开户行及账号：				密码区	（略）	
货物或应税劳务、服务名称	规格型号	单位	数　量	单　价	金　　额	税率	税　　额
合　　计							
价税合计（大写）					（小写）		
销售方	名　　称： 纳税人识别号： 地 址、电 话： 开户行及账号：				备注		

收款人：　　　复核：　　　开票人：　　　销售方：（章）

第一联：记账联 销售方记账凭证

税总函 [2018] 248 号西安印钞有限公司

0123456789

实训材料 3－4－17－2

中国工商银行 进账单（收账通知） **3**

年 月 日

出票人	全称		收款人	全称	
	账号			账号	
	开户银行			开户银行	

金额	人民币（大写）	亿	千	百	十	万	千	百	十	元	角	分

票据种类		票据张数		
票据号码				
复核 记账				收款人开户银行签章

此联是收款人开户银行交给收款人的收账通知

3

实训材料 3－4－18－1

中国工商银行 进账单（收账通知） **3**

年 月 日

出票人	全称		收款人	全称	
	账号			账号	
	开户银行			开户银行	

金额	人民币（大写）	亿	千	百	十	万	千	百	十	元	角	分

票据种类		票据张数		
票据号码				
复核 记账				收款人开户银行签章

此联是收款人开户银行交给收款人的收账通知

实训材料 3－4－19－1

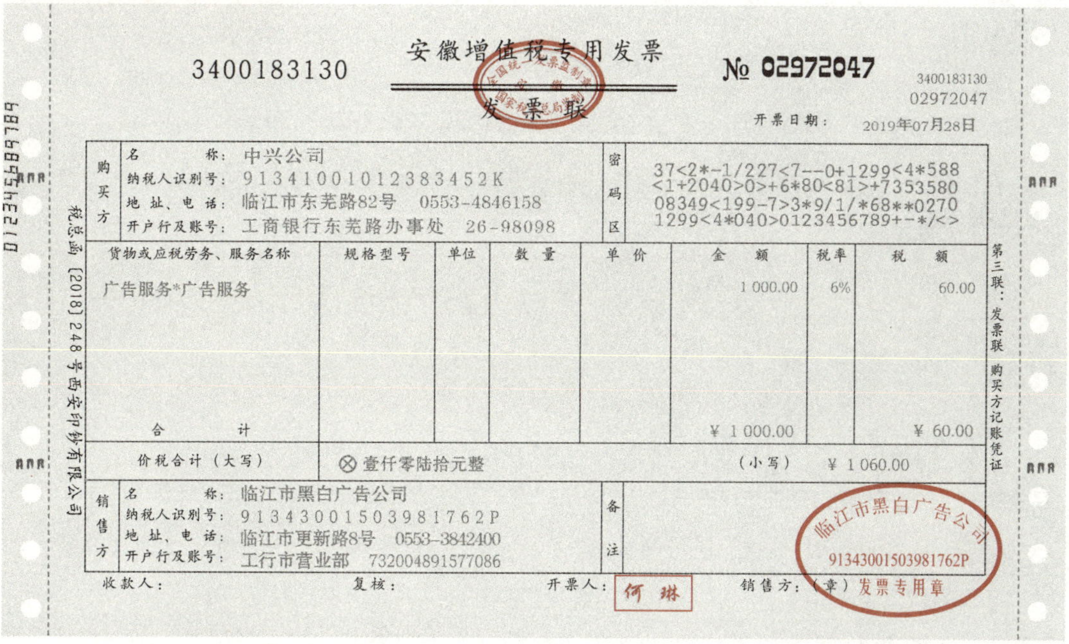

3400183130　　安徽增值税专用发票　　№ 02972047

发票联　　3400183130 02972047

开票日期：2019年07月28日

购买方	名称：中兴公司 纳税人识别号：91341001012383452K 地址、电话：临江市东芜路82号 0553-4846158 开户行及账号：工商银行东芜路办事处 26-98098	密码区	37<2*-1/227<7--0+1299<4*588 <1+2040>0>+6*80<81>+7353580 08349<199-7>3*9/1/*68**0270 1299<4*040>0123456789+-*/<>

货物或应税劳务、服务名称	规格型号	单位	数量	单价	金额	税率	税额
广告服务*广告服务					1 000.00	6%	60.00
合计					¥ 1 000.00		¥ 60.00
价税合计（大写）	⊗壹仟零陆拾元整				（小写） ¥ 1 060.00		

销售方	名称：临江市黑白广告公司 纳税人识别号：91343001503981762P 地址、电话：临江市更新路8号 0553-3842400 开户行及账号：工行市营业部 732004891577086	备注	

收款人：　复核：　开票人：何琳　销售方：（章）

第三联：发票联 购买方记账凭证

税总函〔2018〕248号西安印钞有限公司

实训材料 3－4－19－2

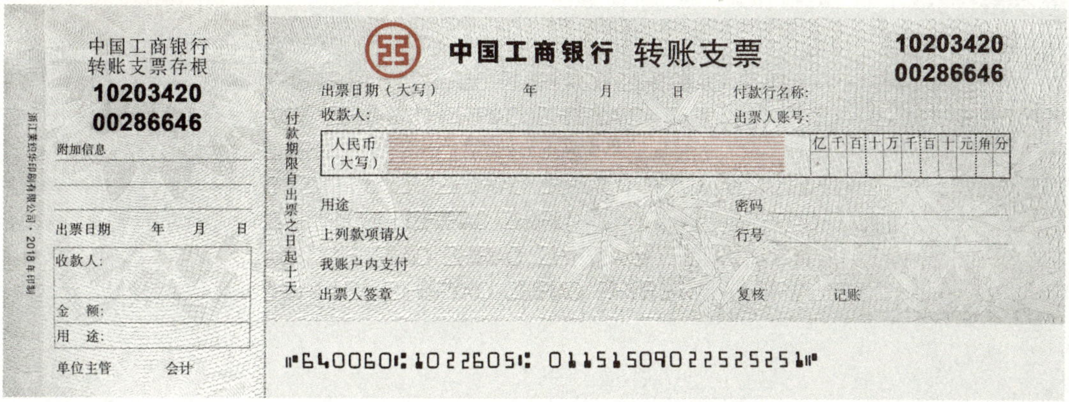

中国工商银行 转账支票存根

10203420
00286646

附加信息

出票日期 年 月 日

收款人：

金 额：

用 途：

单位主管 会计

浙江某经华印刷有限公司·2018年印制

中国工商银行 转账支票　　10203420 00286646

出票日期（大写） 年 月 日　付款行名称：

收款人：　出票人账号：

人民币（大写）　亿 千 百 十 万 千 百 十 元 角 分

付款期限自出票之日起十天

用途　密码

上列款项请从　行号

我账户内支付

出票人签章　复核　记账

⑈640060⑆10226051⑆ 011515090225252 51⑈

【实训要求】

（1）根据实训资料识别原始凭证。

（2）根据实训资料填制自制原始凭证。

【实训指引】

参见项目三任务一至任务三的实训指引。

项目四　编制记账凭证

任务一　编制专用记账凭证

【实训目标】

通过实训，能够正确选择和规范编制收款凭证、付款凭证、转账凭证。

【实训资料】

（1）项目二的相关账务资料。

（2）项目三任务四的相关账务资料。

【实训要求】

（1）根据实训资料选择相应的记账凭证并按规范编制。

（2）实训所需材料：收款凭证 5 张，付款凭证 9 张，转账凭证 7 张。

【实训指引】

一、记账凭证的编制要求

（一）记账凭证编制的基本要求

1. 审核无误

会计机构或者会计人员对取得或填制的原始凭证要进行认真的检查、审核，确认其内容真实、准确无误后，才能逐一编制相应的记账凭证。

2. 分类正确

会计机构或者会计人员要按照经济业务事项的性质对原始凭证加以归类，确定会计分录。记账凭证可以根据每一张原始凭证编制，或者根据若干张同类原始凭证汇总编制，也可以根据原始凭证汇总表编制。但不得将不同内容和类别的原始凭证汇总填制在一张记账凭证上。

3. 内容完整

记账凭证中的每一个项目都要按规定的要求填写，以自制的原始凭证或者原始凭证汇总表代替记账凭证的，也必须具备记账凭证应有的项目。

（二）记账凭证编制的具体要求

1. 日期的填写

记账凭证的填制日期一般应为编制记账凭证当天，月末的调整和结账分录虽然需要到下月才能编制，仍应填写业务当月月末的日期。

2. 编号的填写

记账凭证必须按月连续编号，即每月月初从第 1 号编起。也可以根据所使用的记账凭证的不同形式，采用分类统一编号，即按“现收”“现付”“银收”“银付”和“转账”分别进行编号，自成系统，如“现收字第 1 号”至“现收字第×号”等。复杂的会计事项，需要填制两张或两张以上记账凭证的，应另编分号，即在原编号后面用分数形式表示。如，第 8 号凭证编有三张记账凭证，则第一张编号为 $8\frac{1}{3}$ 号，第二张编号为 $8\frac{2}{3}$ 号，第三张编号为 $8\frac{3}{3}$ 号。为了避免记账凭证编号发生错漏，便于编号，收支业务较多的企业应当使用“记账凭证销号单”。

3. 摘要的填写

记账凭证的“摘要”栏内容要真实，简明扼要，但又要完整地反映经济业务内容。

4. 会计科目的填写

应正确填写所涉及的会计科目的名称（包括一级科目名称、子目或细目名称）。会计科目应写全称，不能简化或改变名称，不能用会计科目的统一编号代替会计科目的名称。

5. 金额的填写

“金额”栏按要求填写至“分”。在合计金额前标明人民币符号“¥”，合计金额要计算准确并保持借方与贷方之间的平衡。记账凭证填制经济业务事项完毕后，如有空行，应当自“金额”栏最后一笔金额数字下的空行处至合计数上的空行处画线注销。

6. 记账符号的填写

根据审核无误的记账凭证登记账簿完毕后，记账人员要在记账凭证表格中的“记账”栏注明已经记账的符号（如打“√”或注明账页次），表示已经记账，避免重记、漏记。

7. 附件张数的填写

除结账和更正错误的记账凭证可以不附原始凭证外，其他记账凭证必须附有原始凭证。原始凭证张数一般应以其自然张数为准。如果附件中既有原始凭证又有原始凭证汇总表，应当把所附原始凭证和原始凭证汇总表的张数一并计入附件张数。如果原始凭证为零散车票、船票等，应当先将其粘贴在“原始凭证粘贴单”上以一张粘贴单作为一张附件计算。如果一张原始凭证所列的支出需要几个单位共同负担，应从保管原始凭证的单位取得“原始凭证分割单”作为原始凭证附在记账凭证后面。本单位保管的原始凭证和开出去的“原始凭证分割单”的存根，应同时作为记账凭证的附件。原始凭证分割单必须具备原始凭证的基本内容：凭证名称、填制凭证日期、填制凭证单位名称或者填制人姓名、经办人的签名或者盖章、接受凭证单位名称、经济业务内容、数量、单价、金额和费用分摊情况等。如果一张原始凭证涉及几张记账凭证，可以把原始凭证附在一张主要的记账凭证后面，并在其他记账凭证上注明附有原始凭证的记账凭证的编号或附原始凭证复印件。如遇原始凭证单独保存时，应将其整理使用完毕后，加以保管，并在有关记账凭证上加以说明，以便查对。

8. 签名与盖章

凡是与记账有关的人员，包括会计主管、稽核、记账和制单人员都要在记账凭证上签章，有关收款、付款凭证，还要有出纳人员签章。

二、收款凭证的编制

收款凭证是由出纳人员根据有关反映现金和银行存款收款业务的原始凭证编制的，必须是先收款，后填凭证。收款凭证左上方的“借方科目”后应填写“库存现金”或“银行存款”。在凭证内“贷方科目”栏填写与“库存现金”或“银行存款”对应的贷方科目。收款凭证的编号一般按“现收字第×号”和“银收字第×号”。例如，中兴公司于 2018 年 2 月 2 日收回红光公司前欠货款 58 500 元存入银行，收到银行转来的收账通知。中兴公司应根据审核无误的原始凭证及有关资料，编制收款凭证如表 4－1 所示。

表 4－1

收 款 凭 证

借方科目：银行存款　　　　2018 年 02 月 02 日　　　　银收字第 001 号

摘要	贷方科目		金额										记账符号
	总账科目	明细科目	千	百	十	万	千	百	十	元	角	分	
收回红光公司前欠货款	应收账款	红光公司				5	8	5	0	0	0	0	
合计					￥	5	8	5	0	0	0	0	

附件 1 张

会计主管：　　记账：　　出纳：张菲　　审核：　　制单：王建

业务量较少的单位也可不分“现收”与“银收”，而按收款业务发生的先后顺序统一编号，即“收字第×号”。

三、付款凭证的编制

付款凭证是由出纳人员根据有关反映现金和银行存款收款业务的原始凭证编制的，必须是先付款，后填凭证。付款凭证左上方的“贷方科目”后应填写“库存现金”或“银行存款”，在凭证内“借方科目”栏填写与“库存现金”或“银行存款”对应的借方科目。付款凭证的编号一般按“现付字第×号”和“银付字第×号”。例如，中兴公司于 2019 年 7 月 3 日购买甲材料计 1 000 千克，买价 100 000 元，增值税 13 000 元，材料已验收入库，开出转账支票支付价税款 113 000 元，收到供货单位开出的增值税发票，以及仓库交来收料单。中兴公司应根据审核无误的原始凭证及有关资料，编制付款凭证如表 4－2 所示。

业务量较少的单位也可不分“现付”与“银付”，而按收款业务发生的先后顺序统一编号，即“付字第×号”。

表 4-2

付款凭证

贷方科目：银行存款　　　　2019 年 07 月 03 日　　　　银付字第 001 号

摘要	借方科目		金额										记账符号
	总账科目	明细科目	千	百	十	万	千	百	十	元	角	分	
购入甲材料，已验	原材料	甲材料			1	0	0	0	0	0	0	0	
收入库	应交税费	应交增值税（进项税额）				1	3	0	0	0	0	0	
合计				¥	1	1	3	0	0	0	0	0	

附件 3 张

会计主管：　　记账：　　出纳：张菲　　审核：　　制单：王建

需要强调的是，对于涉及现金、银行存款之间收付的业务，如从银行提取现金或将现金存入银行等，只按其贷方科目填制付款凭证，不填制收款凭证。例如，中兴公司于 2019 年 7 月 3 日从银行提取现金 500 元备用，根据审核无误的原始凭证及有关资料，编制付款凭证如表 4-3 所示。

表 4-3

付款凭证

贷方科目：银行存款　　　　2019 年 07 月 03 日　　　　银付字第 002 号

摘要	借方科目		金额										记账符号
	总账科目	明细科目	千	百	十	万	千	百	十	元	角	分	
提现备用	库存现金							5	0	0	0	0	
合计							¥	5	0	0	0	0	

附件 1 张

会计主管：　　记账：　　出纳：张菲　　审核：　　制单：王建

四、转账凭证的编制

转账凭证是根据有关除现金及银行存款收付业务以外的转账业务的原始凭证编制的。由于转账业务没有固定的账户对应关系，因此在转账凭证中，要按“借方科目”和“贷方科目”分别填列有关总账科目与明细科目。例如，2018 年 2 月 4 日中兴公司第一生产车间生产 101 产品领用甲材料 200 千克，计 20 000 元，收到仓库交来的领料单，甲材料属金属类。中兴公司应根据审核无误的原始凭证及有关资料，编制转账凭证，如表 4-4 所示。

需要注意的是，当一项经济业务，既涉及现金和银行存款收付的业务，又涉及转账业务时，需要分别编制记账凭证。例如，2018 年 9 月 20 日中兴公司办公室的王华出差归来，报销差旅费 950 元，多余 50 元交还单位财务部（原预借 1 000 元差旅费）。对于上述经济业务，在采用专用记账凭证时应分别编制一张转账凭证和一张现金收款凭证如表 4-5、表 4-6 所示。

表 4-4

转账凭证

2018年02月04日　　　　转字第001号

摘要	会计科目		借方金额										贷方金额										记账符号
	总账科目	明细科目	千	百	十	万	千	百	十	元	角	分	千	百	十	万	千	百	十	元	角	分	
生产101产品领	生产成本	101产品				2	0	0	0	0	0	0											
用甲材料	原材料	甲材料														2	0	0	0	0	0	0	
合计					¥	2	0	0	0	0	0	0			¥	2	0	0	0	0	0	0	

附件1张

会计主管：　　记账：　　审核：　　制单：张强

表 4-5

转账凭证

2018年09月20日　　　　转字第046号

摘要	会计科目		借方金额										贷方金额										记账符号
	总账科目	明细科目	千	百	十	万	千	百	十	元	角	分	千	百	十	万	千	百	十	元	角	分	
王华报销	管理费用	差旅费						9	5	0	0	0											
差旅费	其他应收款	王华																9	5	0	0	0	
合计							¥	9	5	0	0	0					¥	9	5	0	0	0	

附件6张

会计主管：　　记账：　　审核：　　制单：张强

表 4-6

收款凭证

借方科目：银行存款　　　　2018年09月20日　　　　现收字第018号

摘要	贷方科目		金额										记账符号
	总账科目	明细科目	千	百	十	万	千	百	十	元	角	分	
王华退回多余差旅费借款	其他应收款	王华							5	0	0	0	
合计								¥	5	0	0	0	

附件1张

会计主管：　　记账：　　出纳：张菲　　审核：　　制单：王建

任务二 编制通用记账凭证

【实训目标】

通过实训，能够规范编制通用记账凭证。

【实训资料】

（1）项目二的相关账务资料。

（2）项目三任务四的相关账务资料。

4

【实训要求】

（1）根据实训资料选择相应的记账凭证并按规范编制。

（2）实训所需材料：记账凭证 19 张。

【实训指引】

在实际工作中，对于一些规模较小、经济业务简单的单位，为简化手续，也可以不区分收款凭证、付款凭证和转账凭证，而是采用一种通用记账凭证来记录发生的所有类型的经济业务，其格式与转账凭证的格式基本相同。表 4－1 中所反映的经济业务如果用通用记账凭证填制，如表 4－7 所示。

表 4－7

记 账 凭 证

2018 年 02 月 02 日　　　　记字第 001 号

摘要	会计科目		借方金额										贷方金额										记账符号
	总账科目	明细科目	千	百	十	万	千	百	十	元	角	分	千	百	十	万	千	百	十	元	角	分	
收回红光公司	银行存款					5	8	5	0	0	0	0											
前欠货款	应收账款	红光公司														5	8	5	0	0	0	0	
合计					¥	5	8	5	0	0	0	0			¥	5	8	5	0	0	0	0	

附件 1 张

会计主管：　　记账：　　出纳：张菲　　审核：　　制单：王建

项目五　登记会计账簿

【实训目标】

通过实训，能够规范登记总账、日记账和明细账。

【实训资料】

（1）项目二的相关账务资料。

（2）项目三任务四的相关账务资料。

（3）项目四任务一的相关账务资料。

【实训要求】

（1）根据实训资料登记现金日记账和银行存款日记账。

（2）根据实训资料登记相关明细账。

（3）根据实训资料登记相关总账。

（4）实训所需材料：继续使用项目二的相关账簿材料。

【实训指引】

一、会计账簿登记的基本要求

按照《会计法》和《会计基础工作规范》等的规定，登记会计账簿还应当遵循以下基本要求：

（一）准确完整

登记会计账簿时，应当将会计凭证的日期、编号、业务内容摘要、金额和其他有关资料逐项记入账内，做到登记及时完整、数字清晰无误、摘要简明扼要、文字规范清楚。

（二）注明记账符号

登记完毕后，记账人员要在记账凭证下方“记账”处签名或者盖章，并在记账凭证表格中的“记账”栏注明已经记账的符号（如打“√”或注明账页次），表示已经记账，避免重记、漏记。

（三）书写留空

账簿中书写的文字和数字不要写满格，一般应占格距的1/2，上面要留有适当的空间，以便更正改错。

(四) 正确使用墨水

登记账簿要用蓝黑墨水或者碳素墨水钢笔书写，不得使用圆珠笔(银行的复写账簿除外)或者铅笔书写。用红色墨水记账仅限于下列情况：

(1) 按照红字冲账的记账凭证，用红字冲销(或冲减)错误记录。

(2) 在不设借贷等栏的多栏式账页中，用红字登记减少数或转销数，如只设借方项目的成本费用多栏式明细账——生产成本明细账(表 5 - 17)。

(3) 三栏式账页的余额栏前，如果没有表明余额方向的“借或贷”栏，那么应用红字在余额栏内登记负数余额。

(4) 根据国家统一会计制度的规定，可以用红字登记的其他会计记录。

(五) 顺序连续登记

各种账簿应按页次顺序连续登记，记账人员在记账时精力一定要集中，一笔接一笔，一行接一行，记满一页后，再记下一页，不得跳行、隔页。这样做不仅使账目工整清楚，符合记账规范，而且避免由于跳行、隔页可能出现的意外事端。如果由于工作疏忽而不慎发生跳行、隔页时，不得随意撕毁账页，而应按规定的方法予以纠正。其纠正方法有两种：一是从空行或空页的摘要栏到余额栏，用红笔画一条交叉对角线予以注销，并由记账人员和会计主管人员在交叉处签名或盖章(表 5 - 1、表 5 - 3)；二是在跳行所在行盖上“此行空白”字样印鉴，在隔页处盖上“此页空白”字样印鉴，并且同时由记账人员和会计主管人员签名或盖章(表 5 - 2、表 5 - 4)。

表 5 - 1 空行注销(一)

会计科目或户名：应收账款

2018年		凭证号数	摘要	借方	贷方	借或贷	余额
月	日						
8	05		承前页			借	20 000.00
	09	记 20	收回欠款		20 000.00	平	-0-
				张帅	李爽		
	14	记 34	销售产品款未收	7 524.00		借	7 524.00

表 5 - 2 空行注销(二)

会计科目或户名：应收账款

2018年		凭证号数	摘要	借方	贷方	借或贷	余额
月	日						
8	05		承前页			借	20 000.00
	09	记 20	收回欠款		20 000.00	平	-0-
			此行空白	张帅	李爽		
	14	记 34	销售产品款未收	7 524.00		借	7 524.00

表 5－3　　空页注销(一)

会计科目或户名：应收账款

2018年		凭证号数	摘　要	借　方	贷　方	借或贷	余　额
月	日						
				张　帅	李　爽		

表 5－4　　空页注销(二)

会计科目或户名：应收账款

2018年		凭证号数	摘　要	借　方	贷　方	借或贷	余　额
月	日						
			此页空白	张　帅	李　爽		

(六) 结算余额

凡需要结出余额的账户，结出余额后，应当在“借或贷”等栏内(一般指三栏式账页)注明“借”或者“贷”字样。没有余额的账户，应当在“借或贷”栏内写“平”字，并在“余额”栏内元位上用“θ”表示。现金日记账和银行存款日记账必须逐日结出余额。结算余额范例如表 5－5 所示。

表 5－5　　总 分 类 账

会计科目或户名：应收账款

2018年		凭证号数	摘　要	借　方	贷　方	借或贷	余　额
月	日						
8	05		承前页			借	20 000.00
	09	记 20	收回欠款		20 000.00	平	θ
	14	记 34	销售产品款未收	7 524.00		借	7 524.00

(七) 账页转换

每一账页登记完毕应结转下页。账页转换有两种方法：一是结出本页合计数及余额，写在本页最后一行和下页第一行有关栏内，并分别在摘要栏内注明“过次页”和“承前页”字样；二是不做“过次页”，只需将本页合计数及金额写在下页第一行有关栏内，并在摘要栏内注明“承前页”字样。对需要结计本月发生额的账户，结计的本页合计数应当为自本月初起至本页末止的发生额合计数；对需要结计本年累计发生额的账户，结计的本页合计数应当为自年初起至本页末止的累计数；对既不需要结计本月发生额也不需要结计本年累计发生额的账户，只要将每页末的余额结转次页即可。账页转换范例如表5-6、表5-7所示。

表5-6 银行存款日记账

第28页

2018年		凭证号数	摘要	对方科目	收入	付出	结余
月	日						
9	11		承前页		82 000.00	46 000.00	162 840.00
	15	记13	收上月销货款	应收账款	56 160.00		219 000.00
	15	记14	付上月材料款	应付账款		105 300.00	113 700.00
	16	记18	购设备	固定资产		24 570.00	89 130.00
	19	记26	交税款	应交税费		20 000.00	69 130.00
	20	记28	收销货款	主营业务收入等	35 100.00		104 230.00
	24	记33	支付广告费	销售费用		1 440.00	102 790.00
	24		过次页		173 260.00	197 310.00	102 790.00

表5-7 银行存款日记账

第29页

2018年		凭证号数	摘要	对方科目	收入	付出	结余
月	日						
9	24		承前页		173 260.00	197 310.00	102 790.00
	25	记38	提现	库存现金		28 500.00	74 290.00
	25	记39	还借款	长期借款		20 000.00	54 290.00

二、总账的登记规范

（一）总账概述

总分类账简称总账，它是根据总账科目设置，用来登记单位发生的全部经济业务事项的会计账簿。根据有关会计法规的规定，每个单位都必须设立总账，而且一个单位只能设一本总账。

总账是一种重要账簿，一般采用订本式。因此，在开设总账时，应根据经验判断，为每一个账户合理预留若干账页。同时，为方便翻阅和记录查找，每个账户的第一页用索引线标明，即加贴耳形小卡纸，俗称“口取纸”，在“口取纸”上分别注明相应账户的名称，并按照鱼鳞方式上下参差粘贴。

总账的账页格式一般为设置了“借方”“贷方”和“余额”三个主要栏目的三栏式账页。其格式如表5-8所示。

表 5-8 总分类账

会计科目或户名： 第 页

年		凭证号数	摘要	借方	贷方	借或贷	余额
月	日						

(二)总账的登记方法

总账的登记方法有两种：逐笔登记法和汇总登记法。

1. 逐笔登记法

逐笔登记法是直接根据记账凭证逐笔连续登记各个账户的一种方法，其登记要点是：

(1) 将记账凭证的日期和编号记入相应账户的“年、月、日”栏和“凭证号数”栏；

(2) 填写“摘要”栏；

(3) 把应借、应贷的金额记入该账户的“借方”或“贷方”栏；

(4) 每笔经济业务登记完毕后应结出余额，并判断余额性质是借还是贷，填到“借或贷”栏。

逐笔登记总账的方法如表 5-9 所示。

表 5-9 总分类账

账户名称：银行存款

2018 年		凭证号数	摘要	借方	贷方	借或贷	余额
月	日						
9	01		期初余额			借	279 000.00
	01	记 01	接受华为公司投资	600 000.00		借	879 000.00
	03	记 04	提取现金		96 000.00	借	783 000.00
	04	记 06	购买材料		24 400.00	借	758 600.00
	08	记 10	收回应收货款	16 000.00		借	774 600.00
	09	记 11	偿还前欠货款		5 800.00	借	768 800.00
	12	记 13	支付产品销售费用		2 400.00	借	766 400.00
	15	记 14	向希望工程捐款		4 000.00	借	762 400.00
	22	记 16	收到联营企业分红	20 000.00		借	782 400.00
	24	记 17	出售多余材料一批	4 680.00		借	787 080.00
	25	记 19	支付银行借款利息		1 600.00	借	785 480.00
9	30		本月合计	640 680.00	134 200.00	借	785 480.00

2. 汇总登记法

汇总登记法是指按照一定的方法定期将所有的会计凭证汇总编制成汇总记账凭证或科目汇总表，再据以登记各个账户的一种方法。根据科目汇总表汇总登记总账的要点是：

（1）定期编制科目汇总表；

（2）将科目汇总表的日期和编号记入相应账户账页的“年、月、日”栏和“凭证号数”栏，登记日期应为汇总期间的最后一天，如按旬汇总，则登记日期分别为10日、20日、30日（或其他月末日）；

（3）填写“摘要”栏，“摘要”栏应注明汇总期间，如写成“1－10日发生额”；

（4）把应借、应贷的金额记入该账户的“借方”或“贷方”栏；

（5）每笔经济业务登记完毕后应结出余额，并判断余额方向是借还是贷，填到“借或贷”栏。

现举例说明根据科目汇总表汇总登记总账的方法，表5－10、表5－11、表5－12为2018年9月份按旬编制的科目汇总表。

表 5－10 科目汇总表

2018年9月01日—9月10日 汇字第25号

会计科目	记账	本期发生额		记账凭证起讫号数
		借方	贷方	
库存现金		96 000.00	96 000.00	记账凭证01～11号
银行存款		616 000.00	126 200.00	
应收账款			16 000.00	
略		略	略	
合计		1 094 200.00	1 094 200.00	

表 5－11 科目汇总表

2018年9月11日—9月20日 汇字第26号

会计科目	记账	本期发生额		记账凭证起讫号数
		借方	贷方	
银行存款			6 400.00	记账凭证12～15号
应收账款		733 824.00		
略		略	略	
合计		740 926.00	740 926.00	

表 5－12 科目汇总表

2018年9月21日—9月30日 汇字第27号

会计科目	记账	本期发生额		记账凭证起讫号数
		借方	贷方	
银行存款		24 680.00	1 600.00	记账凭证16～30号
略		略	略	
合计		1 738 275.20	1 738 275.20	

根据上述科目汇总表登记总分类账如表 5－13 所示。

表 5－13 总 分 类 账

账户名称：银行存款

2018年 月	日	凭证号数	摘要	借方	贷方	借或贷	余额
9	01		期初余额			借	279 000.00
	10	记汇 01	1—10 日发生额	616 000.00	126 200.00	借	768 800.00
	20	记汇 02	11—20 日发生额		6 400.00	借	762 400.00
	30	记汇 03	21—30 日发生额	24 680.00	1 600.00	借	785 480.00
9	30		本月合计	640 680.00	134 200.00	借	785 480.00

三、日记账的登记规范

日记账是按照经济业务发生或完成的先后顺序，逐日逐笔详细登记经济业务的一种账簿，根据企业会计制度的规定，企业必须设现金日记账和银行存款日记账来反映现金和银行存款的收入、支出和结存情况，而且必须采用订本式账簿。

5

（一）现金日记账的登记规范

现金日记账是出纳员根据审核后的现金收付款凭证，逐日逐笔登记现金收付业务的一种账簿，一般采用“三栏式”，包括“收入（或借方）”“付出（或贷方）”和“结余（或余额）”三栏基本内容，其格式如表 5－14 所示。

表 5－14 现 金 日 记 账

第 页

年 月	日	凭证号数	摘要	对方科目	收入	付出	结余

现金日记账的登记步骤如下：

（1）登记日期栏：指登记现金实际收付的时间。

（2）登记凭证号数栏：指登记入账的凭证种类和编号。

（3）登记“摘要”栏：指简明扼要地写清入账的经济业务的内容。

（4）登记“对方科目”栏：指登记现金收入来源科目或现金支出用途的相应科目。

（5）登记“收入”“付出”“结余”栏：是指登记现金收、支及当期结余额。

（6）日清日结：每日登记完毕，应结出当日现金收入合计数、现金支出合计数和余额，并利用“本日余额＝昨日余额＋本日收入金额合计－本日支出金额合计”，将账面余额与库存现金实际数额核对，做到账实相符。

现金日记账的登记示范如表 5－15 所示。

表 5－15 现金日记账

第 页

2018年 月	日	凭证号数	摘要	对方科目	收入	付出	结余
1	1		上年结转				2 000.00
	2	银付 1	从银行提取现金	银行存款	3 000.00		
	2	现付 1	支付招待费	管理费用		400.00	
	2	现付 2	支付办公用品费	管理费用		1 200.00	
	2	现付 3	支付材料采购搬运费	材料采购		200.00	
	2	现收 1	收赵海差旅费余额	其他应收款	50.00		
	2		本日合计		3 050.00	1 800.00	3 250.00
	3	现付 4	支付办公用品费	管理费用		200.00	

（二）银行存款日记账的登记规范

银行存款日记账是由出纳员根据银行存款的收付款凭证，逐日逐笔记录和反映银行存款的收入、支出和结余情况的一种账簿。银行存款日记账一般采用订本式账簿，其格式与现金日记账基本相同，但银行存款日记账在“摘要”栏和“对方科目”栏之间增设有“结算凭证种类和号数”栏，用来填写办理银行存款收付业务时，所依据的结算凭证种类和号数，以便于和银行进行账目核对。

银行存款日记账的登记方法与现金日记账的登记方法基本相同。银行存款日记账每日终了，应结出账面余额，并定期同银行转来的对账单逐笔进行核对，每月至少核对一次。月份终了，如果核对不符，应及时查明原因进行处理，予以更正。核对银行存款余额，需要时应按月编制“银行存款余额调节表”调整未达账项。

银行存款日记账的登记示范如表 5－6 所示。

四、明细分类账的登记规范

明细分类账简称明细账，是按照二级科目或明细科目开设的，用以分类登记某一类经济业务、提供明细核算资料的一种账簿。明细账对总分类账起着辅助补充的作用，因此，各单位都要在设置总分类账的基础上，根据相关规定和经营管理的需要，设置明细分类账。明细分类账一般是根据记账凭证和所附原始凭证或原始凭证汇总表逐笔登记，也可以根据这些凭证逐日或定期汇总登记。明细分类账的账页格式可结合各项经济业务的具体内容和经营管理的实际需要来设计，通常有“三栏式”“多栏式”“数量金额式”和“横线登记式”四种。

(一) 三栏式明细账的登记规范

三栏式明细分类账账页,只设置“借方”“贷方”和“余额”三个基本金额栏,不设置数量栏。它适用于那些只需要进行金额核算而不需要进行数量核算的明细分类账户。如:应收账款、应付账款、短期借款、实收资本等明细账。其格式和登记方法与逐笔登记总账基本相同,登记示范如表5-16所示。

表5-16 应收账款明细账

明细科目:红光工厂 第 页

2018年 月	日	凭证号数	摘要	借方	贷方	借或贷	余额
2	1		期初余额			借	70 000.00
	8	转字5	销售产品尚未收回货款	50 000.00		借	120 000.00
	13	银收7	收到欠款存入银行		100 000.00	借	20 000.00

(二) 多栏式明细账的登记规范

多栏式明细分类账需要在账页内设置若干专栏,用以登记某一类经济业务的增减变动详细资料。多栏式明细账适用于明细项目较多,且要求分别列示的明细账,如生产成本、制造费用、管理费用、本年利润、应交税费等账户的明细核算。

一般情况下,多栏式明细账应在“借方”和“贷方”分别按照明细项目设专栏,如本年利润、应交税金等明细账户。如果某明细账的贷方在月份内只登记一两项业务,可只按借方分设专栏,发生贷方业务时,在借方有关专栏内用红字登记,也可以设一个贷方总的金额栏,再设一个余额栏登记。多栏式明细账的格式及登记示范如表5-17所示。

表5-17 生产成本明细账

产品名称:A产品 第 页

2018年 月	日	凭证号数	摘要	成本项目 直接材料	直接人工	制造费用	合计
8	1		期初余额	24 000.00	10 000.00	6 000.00	40 000.00
	7	记06	领用材料	20 000.00			20 000.00
	31	记16	分配工资		19 000.00		19 000.00
	31	记17	结转制造费用			12 900.00	12 900.00
	31	记18	结转完工产品成本	36 280.00	16 000.00	10 000.00	62 280.00
8	31		月末余额	7 720.00	13 000.00	8 900.00	29 620.00

(三) 数量金额式明细账的登记规范

数量金额式明细分类账的账页,既要设置“收入”“发出”和“结存”栏,又要在每栏再分设

“数量”“单价”和“金额”栏。它是一种钱物结合，以加强财产物资管理需要而设置的账簿，适用于既要进行金额核算、又要进行数量核算的明细分类账户。为了满足经济业务的需要，还可根据情况在格式的上端设置一些必要的项目供选用，如原材料、库存商品等明细账。其格式及登记示范如表5－18所示。

表5－18 原材料明细账

材料编号：2001　　　　计量单位：千克
材料类别：主要材料　　　　最高存量：（略）
品名及规格：甲材料　　　　最低存量：（略）

2018年		凭证号数	摘要	收入			发出			结存		
月	日			数量	单价	金额	数量	单价	金额	数量	单价	金额
9	01		期初余额							890	100.00	89 000.00
	05	记02	购进入库	500	100.00	50 000.00				1 390	100.00	139 000.00
	07	记06	生产领用				200	100.00	20 000.00	1 190	100.00	119 000.00

5

（四）横线登记式明细账的登记规范

横线登记式明细分类账，也称平行式明细账。横线登记式明细分类账的账页，只设置“借方”和“贷方”两栏，经济业务发生和完成均在同一行次的“借方”栏和“贷方”栏平行登记，以便加强对这类业务的控制。它主要适用于往来账项等明细账户。如其他应收款明细账、在途物资（材料采购）明细账等。横线登记式明细账的登记要点是：借方一般应按会计凭证的编号顺序逐日逐笔登记，贷方则不要求按会计凭证编号顺序逐日逐笔登记，而在其借方记录的同一行内进行登记。同一行内借、贷方均有记录时，表示该经济业务已处理完毕。如果有借方记录，而无贷方记录，则表示该项经济业务还未结束。横线登记式明细分类账的登记示范如表5－19所示。

表5－19 在途物资明细账

明细科目（或材料名称）：甲材料

户名	借方					贷方					转销
	2018年		凭证号数	摘要	金额	2018年		凭证号数	摘要	金额	
	月	日				月	日				
宜成公司	9	02	记01	购进	5 000.00	9	05	记09	入库	5 000.00	√
红光公司	9	04	记06	购进	3 200.00	9	08	记13	入库	3 200.00	√
宜成公司	9	27	记39	购进	6 800.00						

项目六　查找与更正错账

【实训目标】

通过实训，能够正确查找错账，并能按照规范予以更正。

【实训资料】

中兴公司采用科目汇总表账务处理程序，按旬汇总登记总账。2018 年 9 月发生下列业务：

(1) 4 日，开出现金支票支付业务招待费 1 200 元，编制记账凭证如实训材料 6－1 所示。

实训材料 6－1

记 账 凭 证

2018 年 09 月 04 日　　　　记字第 12 号

摘要	会计科目		借方金额										贷方金额										记账符号
	总账科目	明细科目	千	百	十	万	千	百	十	元	角	分	千	百	十	万	千	百	十	元	角	分	
支付业务招	管理费用						1	2	0	0	0	0											
待费	银行存款																1	2	0	0	0	0	
合计						¥	1	2	0	0	0	0				¥	1	2	0	0	0	0	

附件 2 张

会计主管：　　记账：李才　　出纳：　　审核：　　制单：王建

(2) 6 日，支付车间设备修理费 900 元，编制记账凭证如实训材料 6－2 所示。

(3) 7 日，收回思达公司前欠货款 3 200 元，编制记账凭证如实训材料 6－3 所示。

(4) 相关账簿记录如实训材料 6－4～实训材料 6－7 所示。

实训材料 6－2

记账凭证

2018年09月06日　　　　记字第16号

摘要	会计科目		借方金额										贷方金额										记账符号
	总账科目	明细科目	千	百	十	万	千	百	十	元	角	分	千	百	十	万	千	百	十	元	角	分	
支付车间设	制造费用							9	0	0	0	0											
备修理费	银行存款																	9	0	0	0	0	
合计							￥	9	0	0	0	0					￥	9	0	0	0	0	

附件 2 张

会计主管：　　记账：李才　　出纳：　　审核：　　制单：王建

实训材料 6－3

记账凭证

2018年09月07日　　　　记字第21号

摘要	会计科目		借方金额										贷方金额										记账符号
	总账科目	明细科目	千	百	十	万	千	百	十	元	角	分	千	百	十	万	千	百	十	元	角	分	
收回应收货	银行存款						2	3	0	0	0	0											
款	应收账款	思达公司															2	3	0	0	0	0	
合计						￥	2	3	0	0	0	0				￥	2	3	0	0	0	0	

附件 1 张

会计主管：　　记账：李才　　出纳：　　审核：　　制单：王建

实训材料 6－4

银行存款日记账

2018年		凭证号数	摘要	对方科目	收入	付出	结余
月	日						
9	04		承前页		23 260.00	17 310.00	452 730.00
	04	记12	支付业务招待费	管理费用		1 000.00	451 730.00
	06	记16	支付车间设备修理费	制造费用		900.00	450 830.00
	07	记21	收回应收货款	应收账款	2 300.00		453 130.00

实训材料 6－5

管理费用明细账

2018年 月	日	凭证号数	摘要	职工薪酬	折旧费	办公费	差旅费	业务招待费	其他
9	03	记 10	支付办公用品费			528.00			
	04	记 11	王海报销差旅费				450.00		
	04	记 12	支付业务招待费					1 000.00	

实训材料 6－6

制造费用明细账

2018年 月	日	凭证号数	摘要	物料消耗	职工薪酬	折旧费	办公费	水电费	其他
9	01	记 02	耗用领料	1 200.00					
	06	记 16	支付修理费						900.00

实训材料 6－7

应收账款明细账

明细科目：思达公司

2018年 月	日	凭证号数	摘要	借方	贷方	借或贷	余额
9	03		承前页			借	7 800.00
	07	记 21	收回应收货款		2 300.00	借	5 500.00

【实训要求】

（1）根据实训资料，查找错误并更正。

（2）实训所需材料：记账凭证 3 张。

【实训指引】

一、会计记录错误

（一）会计记录错误的含义

会计人员在记账过程中，有可能会出现会计记录错误。会计记录错误是指会计人员或有关当事人在计算、记录、整理、制证、记账及编表等会计工作或与会计有关的工作中，由于客观原因所造成的行为过失。

会计记录错误与会计舞弊行为是有区别的。一般来说，会计记录错误形成的原因，是行为人不精通业务、技术和政策、不精心操作以及单位管理不善造成的，行为人并没有采取故意手段，而且在错误发生后，行为人也不去实施掩盖手法，不以实现错误的结果为目的，即不以侵吞钱物、粉饰财务状况为目的。因此，会计记录错误属于一种过失行为，而会计舞弊则属于一种不法行为。但二者之间并没有不可逾越的鸿沟，在一定条件下可以相互转化。而某些舞弊者也往往借错误之名行舞弊之实，以达到不良企图。所以，在会计实务中，会计机构与会计人员要注意对会计记录错误的查找，并及时予以更正，以保证会计资料信息的可靠性。

（二）会计记录错误的常见形式

1. 原理性错误

原理性错误是由于业务水平等客观原因形成的，主要有以下几种类型：

（1）单向重账，即重复登记某个账户借方或贷方，以保持总额平衡；

（2）双向重账，即重复登记借贷双方账户，造成账实不符；

（3）单向漏账，即有时为了抵消单向重账或扩大单方金额，遗漏登记某个账户借方或贷方，以保持借贷平衡；

（4）双向漏账，即借贷双方都遗漏记账；

（5）错记方向，即将应登记科目借方的业务错记入贷方，或者应登记科目贷方的业务错记入借方；

（6）错记账户，即将应登记在该账户的业务错记其他账户上，或将应登记在其他账户的业务错记在该账户。

6

2. 技术性错误

（1）数字错位，记账时记错了数字的位数，将数字扩大或缩小了十倍，如“59 000”写成“5 900”；

（2）邻数颠倒，过账时把相邻的两个数互换了位置，如 32 000 写成 23 000；

（3）数字记错，如 26 000 写成 20 000；

（4）余额算错；

（5）合计数加错。

二、错账的查找方法

结账时，如果出现试算不平衡，就可以肯定记账或结账过程中的某个环节发生了错误，应该根据具体情况，灵活运用科学的方法迅速查找，不得拖延，更不允许伪造平衡。查找错账可以运用以下各种方法进行。

（一）逆查法

逆查法是指沿着“试算→结账→过账→制证”的逆账务处理程序，从尾到头进行普遍检查的方法。其步骤如下：

（1）检查试算平衡表。复核表内各栏金额合计数是否平衡；检查试算平衡表内各账户的期初余额加减本期发生额是否等于期末余额；核对试算平衡表内账户的各栏余额是否抄错。

(2) 检查各账户的发生额及余额的计算是否正确。

(3) 将凭证与账簿记录逐笔核对，检查过账有无错误，是否有漏记、重记。

(4) 检查记账凭证的填制是否正确。

(二) 顺查法

顺查法是指沿着“制证→过账→结账→试算”的顺序，按账务处理的程序从头到尾进行普遍检查的方法。其步骤如下：

(1) 将记账凭证与原始凭证核对，检查有无制证错误。

(2) 将记账凭证及所附原始凭证与账簿逐笔核对，检查有无错记或漏记。

(3) 结算各账户的发生额和期末余额，检查有无计算错误。

(4) 检查试算平衡表有无抄写和计算错误。

(三) 个别检查法

个别检查法是根据账簿记录中最常见的规律，进行个别账目的核对，推测错账的类型及与错账有关的记录进行查账的方法。一般有以下几种：

1. 差数法

差数法是直接以账账之间的差数来查找错误的方法。记账人员根据差数回忆和查找在凭证或账簿中有无此数。这种方法适用于查找由于笔误、重记或漏记的错误。如 1 误为 7，会发生 6 的差数。

2. 除 2 法

除 2 法是将账账之间的差数除以 2，按商数来分析判断查找错误的方法，如在登记银行存款日记账时，应记入借方但错记入贷方 15 000 元，会使银行存款日记账余额与银行存款总账余额之间相差 30 000 元。用这个差数除以 2，商数为 15 000 元，便是记错方向的数字。这种方法适用于查找记账方向错误的错账。

3. 除 9 法

除 9 法是将账账之间的差数除以 9，根据商数来分析判断查找错误的方法，这种方法适用于查找数字错位和邻数颠倒所引起的错误。

数字错位是指在过账时，记错了数字的位数，将数字扩大或缩小了十倍。如果是扩大了十倍，差额除以 9，商是负数，该负数绝对值就是正确的数字；如果是缩小了十倍，差额除以 9，商数是正值，则将商扩大十倍，就是正确的数字。如果是扩大了或缩小了一百倍，则除以 99，其他原理一样。例如，差数为－1 260，除以 9 后，商为－140，则你就可以在账簿中查找是否有将 140 误记为 1 400 的情况。再如，差数为 1 260，除以 9 后，商为 140，则你就可以在账簿中查找是否有将 1 400 误记为 140 的情况。如果是扩大了或缩小了一百倍，则除以 99，其他原理一样。

邻数颠倒是指在过账时，把相邻的两个数互换了位置，如果是前小后大，颠倒数为前大后小，正确数与错误数的差额是 9 的倍数，但它是负值；如果是前大后小，颠倒数为前小后大，正确数与错误数的差额是 9 的倍数，而且是正值。为查找方便可参见相邻数字颠倒对照表(表 6－1)。

例如，差额为－63，除以 9 的商为－7，则按照表 6－1 所示，可能存在的邻数颠倒错误为 29 误记为 92、18 误记为 81、07 误记为 70。会计人员就可以按照该范围线索去查找错误。

6

表 6－1 相邻数颠倒对照表

商数	差额	相邻两数									商数	差额	相邻两数								
1	9	10	21	32	43	54	65	76	87	98	−1	−9	01	12	23	34	45	56	67	78	98
2	18	20	31	42	53	64	75	86	97		−2	−18	01	13	24	35	46	57	68	79	
3	27	30	41	52	63	74	85	96			−3	−27	03	14	25	36	47	58	69		
4	36	40	51	62	73	84	95				−4	−36	04	15	26	37	48	59			
5	45	50	61	72	83	94					−5	−45	05	16	27	38	49				
6	54	60	71	82	93						−6	−54	06	17	28	39					
7	63	70	81	92							−7	−63	07	18	29						
8	72	80	91								−8	−72	08	1							
9	81	90									−9	−81	09								

4. *尾数法*

尾数法是指查找元位以下角分的错数的方法。错误数是小数，可专门查找尾数的错误。如错数是 0.06、0.35 元等，可在尾数中查找，缩小范围，提高效率。

三、更正错账规范

一旦查出错账，不得任意刮擦、挖补、涂改或用褪字药水等办法更正，而必须根据错账的具体情况，按照规定的更正方法进行更正，错账更正方法一般有划线更正法、红字更正法、补充登记法三种。

6

（一）划线更正法

划线更正法是指画红线注销原有错误会计记录的一种方法。划线更正法适用于在结账之前、记账之后发现记账凭证正确而账簿错误的情况。

划线更正法的更正步骤为：首先，在账簿中错误的文字或数字上画一条单红线予以注销，但必须保持原有的字迹能够辨认，以备查考；然后，在其上方空白处用蓝字写上正确的文字或数字，并由记账人员和会计机构负责人（或会计主管人员）在更正处加盖印签，以明确责任。划线更正错误的个别数字时，不能只将错误的个别数字用红线注销，而要将整个数字予以注销和更正；对于文字错误，可只划去错误的部分。划线更正法的操作示范如表 6－2 所示。

表 6－2 划 线 更 正 法

错误的划线更正							
十	万	千	百	十	元	角	分
					0		
	3	6	9	2	~~6~~	0	0
	4	1	2	6			
	~~4~~	~~1~~	~~2~~	~~5~~	0	0	0
				7	5	0	0
			~~7~~	~~5~~	~~0~~	0	0

正确的划线更正							
十	万	千	百	十	元	角	分
张帅	3	6	9	2	0	0	0
	~~3~~	~~6~~	~~9~~	~~2~~	~~6~~	~~0~~	~~0~~
张帅	4	1	2	6	0	0	0
	~~4~~	~~1~~	~~2~~	~~5~~	~~0~~	~~0~~	~~0~~
		张帅		7	5	0	0
			~~7~~	~~5~~	~~0~~	~~0~~	~~0~~

如果将正确的数字误认为是错误的，加以更正了，后经检查发现，可以将错误的数字（文字）划销，用红笔在正确数字两旁各画“△”并盖章以示恢复原有记录（参见表 6－3）。

表 6－3　**划线更正法**

划线更正							
十	万	千	百	十	元	角	分
	张帅	6	9	2	0	0	0
		~~6~~	~~9~~	~~2~~	~~6~~	~~0~~	~~0~~

再次更正								
十	万	千	百	十	元	角	分	
	张帅	~~6~~	~~9~~	~~2~~	~~0~~	~~0~~	~~0~~	
张帅	△	~~6~~	~~9~~	~~2~~	~~6~~	~~0~~	~~0~~	△

（二）红字更正法

红字更正法是指用红字冲销或冲减原记科目和金额，以更正和调整原有会计记录的一种方法，主要适用于两种情况。

第一种情况为结账前、记账后发现记账凭证中应借、应贷的会计科目或同时金额也有错误。其更正步骤为：首先，用红字金额填写一张与错误记账凭证会计科目、应借应贷方向完全相同的记账凭证，在“摘要”栏填写“冲销（更正）×月×日×号错误凭证”，此处红字起到冲销原来蓝字错误记录的作用；其次，用蓝字金额编制一张正确的记账凭证，在“摘要”栏填写“补记×月×日账”；最后，根据两张凭证登账。更正示范如例 6－1 所示。

【例 6－1】 中兴公司采用科目汇总表账务处理程序，按旬汇总登记总账。2018 年 6 月发生下列业务：

（1）4 日，开出现金支票支付业务招待费 1 500 元，编制记账凭证如表 6－4 所示。

（2）企业现金日记账、管理费用明细账如表 6－5、表 6－6 所示。

（3）10 日，发现上述凭证及账簿记录错误，编制红字记账凭证和蓝字记账凭证如表 6－7、表 6－8 所示。

（4）10 日，根据记字第 23、记字第 24 号凭证登记现金日记账、管理费用明细账、银行存款日记账如表 6－9、表 6－10、表 6－11 所示。

6

表 6－4　**记账凭证**

2018 年 06 月 04 日　　　　记字第 11 号

摘要	会计科目		借方金额										贷方金额										记账符号
	总账科目	明细科目	千	百	十	万	千	百	十	元	角	分	千	百	十	万	千	百	十	元	角	分	
支付业务招	管理费用						1	5	0	0	0	0											
待费	库存现金																1	5	0	0	0	0	
合　计						¥	1	5	0	0	0	0				¥	1	5	0	0	0	0	

附件 2 张

会计主管：　　记账：李才　　出纳：　　审核：　　制单：王建

表 6-5 现金日记账

2018年 月	日	凭证号数	摘要	对方科目	收入	付出	结余
6	3		承前页		8 210.00	4 607.00	16 284.00
	4	记 10	支付办公用品费	管理费用		428.00	
	4	记 11	支付业务招待费	管理费用		1 500.00	14 356.00
	7	记 15	支付材料搬运费	材料采购		200.00	
	7	记 17	收赵海差旅费余额	其他应收款	50.00		14 206.00

表 6-6 管理费用明细账

2018年 月	日	凭证号数	摘要	职工薪酬	折旧费	办公费	差旅费	业务招待费	其他
6	4	记 10	支付办公用品费			428.00			
	4	记 11	支付业务招待费					1 500.00	
	7	记 17	赵海报销差旅费				450.00		

表 6-7 记账凭证

2018年06月10日 记字第23号

摘要	会计科目 总账科目	明细科目	借方金额 千	百	十	万	千	百	十	元	角	分	贷方金额 千	百	十	万	千	百	十	元	角	分	记账符号
冲销6月4	管理费用						1	5	0	0	0	0											
日11号错误	库存现金																1	5	0	0	0	0	
凭证																							
合计						¥	1	5	0	0	0	0				¥	1	5	0	0	0	0	

附件 张

会计主管： 记账：李才 出纳： 审核： 制单：王建

6

表 6-8

记 账 凭 证

2018 年 06 月 10 日　　　　记字第 24 号

摘要	会计科目		借方金额										贷方金额										记账符号
	总账科目	明细科目	千	百	十	万	千	百	十	元	角	分	千	百	十	万	千	百	十	元	角	分	
补记 6 月 4	管理费用						1	5	0	0	0	0											
日账	银行存款																1	5	0	0	0	0	
合　计						￥	1	5	0	0	0	0				￥	1	5	0	0	0	0	

附件　　张

会计主管：　　记账：李才　　出纳：　　审核：　　制单：王建

表 6-9

现 金 日 记 账

2018 年 月	日	凭证号数	摘　要	对方科目	收　入	付　出	结　余
6	3		承前页		8 210.00	4 607.00	16 284.00
	4	记 10	支付办公用品费	管理费用		428.00	
	4	记 11	支付业务招待费	管理费用		1 500.00	14 356.00
	7	记 15	支付材料搬运费	材料采购		200.00	
	7	记 17	收赵海差旅费余额	其他应收款	50.00		14 206.00
	10	记 23	冲销 6 月 4 日错账	管理费用		1 500.00	15 706.00

表 6-10

管理费用明细账

2018 年 月	日	凭证号数	摘　要	职工薪酬	折旧费	办公费	差旅费	业务招待费	其　他
6	4	记 10	支付办公用品费			428.00			
	4	记 11	支付业务招待费					1 500.00	
	7	记 17	赵海报销差旅费				450.00		
	10	记 23	冲销 6 月 4 日错账					1 500.00	
	10	记 24	补记 6 月 4 日账					1 500.00	

表 6-11 银行存款日记账

2018年		凭证号数	摘要	对方科目	收入	付出	结余
月	日						
6	8		承前页		73 260.00	97 310.00	702 790.00
	08	记 19	收回应收货款	应收账款	16 000.00		718 790.00
	09	记 21	偿还前欠货款	应付账款		5 800.00	712 990.00
	09	记 22	支付产品销售费用	销售费用		2 400.00	710 590.00
	10	记 24	补记6月4日账	管理费用		1 500.00	709 090.00

第二种情况为结账前、记账后发现记账凭证及账簿记录上金额大于应记的金额，而其他均无误。其更正方法为：按多记金额用红字填制一张与原会计科目、方向相同的记账凭证，据以入账，冲减多记金额，在"摘要"栏填写"冲销×月×日×号凭证多记金额"。更正示范如例 6-2 所示。

【例 6-2】 中兴公司采用科目汇总表账务处理程序，按旬汇总登记总账。2018 年 7 月发生下列业务：

（1）5 日，收到光华公司前欠销货款 3 600 元，存入银行，编制记账凭证如表 6-12 所示。

（2）企业银行存款日记账、应收账款明细账如表 6-13、表 6-14 所示。

（3）10 日，发现上述凭证及账簿记录错误，编制红字记账凭证如表 6-15 所示。

（4）10 日，根据记字第 28 号凭证登记银行存款日记账和应收账款明细账，如表 6-16、表 6-17 所示。

6

表 6-12 记账凭证

2018年07月05日　　记字第16号

摘要	会计科目		借方金额										贷方金额										记账符号
	总账科目	明细科目	千	百	十	万	千	百	十	元	角	分	千	百	十	万	千	百	十	元	角	分	
收回应收	银行存款					3	6	0	0	0	0	0											
货款	应收账款	光华公司														3	6	0	0	0	0	0	
合计					¥	3	6	0	0	0	0	0			¥	3	6	0	0	0	0	0	

附件 1 张

会计主管：　　记账：李才　　出纳：　　审核：　　制单：王建

表 6－13 银行存款日记账

2018年 月	2018年 日	凭证号数	摘要	对方科目	收入	付出	结余
7	04		承前页		33 260.00	27 310.00	602 790.00
	04	记 14	偿还前欠货款	应付账款		5 800.00	596 990.00
	05	记 16	收回应收货款	应收账款	36 000.00		632 990.00

表 6－14 应收账款明细账

明细科目：光华公司

2018年 月	2018年 日	凭证号数	摘要	借方	贷方	借或贷	余额
7	03		承前页			借	78 000.00
	04	记 09	销售产品尚未收回货款	42 600.00		借	120 600.00
	05	记 16	收回应收货款		36 000.00	借	84 600.00

表 6－15

记 账 凭 证

2018年 07月 10日　　　　记字第 28 号

摘要	会计科目 总账科目	会计科目 明细科目	借方金额 千	百	十	万	千	百	十	元	角	分	贷方金额 千	百	十	万	千	百	十	元	角	分	记账符号
冲销7月5日16	银行存款					3	2	4	0	0	0	0											
号凭证多记金额	应收账款	光华公司														3	2	4	0	0	0	0	
合计					¥	3	2	4	0	0	0	0			¥	3	2	4	0	0	0	0	

附件　张

会计主管：　　记账：李才　　出纳：　　审核：　　制单：王建

6

表 6－16 银行存款日记账

2018年 月	日	凭证号数	摘要	对方科目	收入	付出	结余
7	04		承前页		23 260.00	17 310.00	602 790.00
	04	记 14	偿还前欠货款	应付账款		5 800.00	596 990.00
	05	记 16	收回应收货款	应收账款	36 000.00		632 990.00
	07	记 20	购买材料	原材料等		34 400.00	598 590.00
	08	记 23	支付产品销售费用	销售费用		4 800.00	593 790.00
	10	记 28	冲销 7 月 5 日账	应收账款	32 400.00		561 390.00

表 6－17 应收账款明细账

明细科目：光华公司

2018年 月	日	凭证号数	摘要	借方	贷方	借或贷	余额
7	03		承前页			借	78 000.00
	04	记 09	销售产品尚未收回货款	42 600.00		借	120 600.00
	05	记 16	收回应收货款		36 000.00	借	84 600.00
	10	记 28	冲销 7 月 5 日账		32 400.00	借	117 000.00

6

（三）补充登记法

补充登记法是用来增记差额，以更正原有会计记录错误的一种方法，主要适用于结账前、记账后发现记账凭证及账簿记录上的所记金额小于应记金额，而会计科目及借贷方向均无误。其更正方法为：按少记金额用蓝字填制一张与原会计科目、方向相同的记账凭证，据以入账，以补记少记金额，在“摘要”栏填写“补充×月×日×号凭证少记金额”。更正示范如例 6－3 所示。

【例 6－3】 中兴公司采用科目汇总表账务处理程序，按旬汇总登记总账。2018 年 8 月发生下列业务：

（1）7 日，偿付宏鑫材料厂公司前欠材料款 21 000 元，编制记账凭证如表 6－18 所示。

（2）企业银行存款日记账、应付账款明细账如表 6－19、表 6－20 所示。

（3）10 日，发现上述凭证及账簿记录错误，编制蓝字记账凭证如表 6－21 所示。

（4）10 日，根据记字第 25 号凭证登记银行存款日记账、应付账款明细账如表 6－22、表 6－23 所示。

表 6－18

记账凭证

2018年08月07日　　　　记字第21号

摘要	会计科目		借方金额										贷方金额										记账符号
	总账科目	明细科目	千	百	十	万	千	百	十	元	角	分	千	百	十	万	千	百	十	元	角	分	
偿付前欠材料款	应付账款	宏鑫厂				1	2	0	0	0	0	0											
	银行存款															1	2	0	0	0	0	0	
合计					¥	1	2	0	0	0	0	0			¥	1	2	0	0	0	0	0	

附件 1 张

会计主管：　　记账：李才　　出纳：　　审核：　　制单：王建

表 6－19

银行存款日记账

2018年		凭证号数	摘要	对方科目	收入	付出	结余
月	日						
8	05		承前页		183 260.00	157 310.00	540 986.00
	05	记 16	收回应收货款	应收账款	36 000.00		576 986.00
	07	记 21	偿还前欠货款	应付账款		12 000.00	564 986.00

表 6－20

应付账款明细账

明细科目：宏鑫厂

2018年		凭证号数	摘要	借方	贷方	借或贷	余额
月	日						
8	07		承前页			贷	78 000.00
	07	记 21	偿还前欠货款	12 000.00		贷	66 000.00

6

表 6-21

记 账 凭 证

2018年08月10日　　　　记字第25号

摘要	会计科目		借方金额										贷方金额										记账符号
	总账科目	明细科目	千	百	十	万	千	百	十	元	角	分	千	百	十	万	千	百	十	元	角	分	
补记8月7日21	应付账款	宏鑫厂					9	0	0	0	0	0											
号凭证少记金额	银行存款																9	0	0	0	0	0	
合计						¥	9	0	0	0	0	0				¥	9	0	0	0	0	0	

附件　张

会计主管：　　记账：李才　　出纳：　　审核：　　制单：王建

表 6-22

银行存款日记账

2018年		凭证号数	摘要	对方科目	收入	付出	结余
月	日						
8	05		承前页		33 260.00	27 310.00	540 986.00
	05	记16	收回应收货款	应收账款	36 000.00		576 986.00
	07	记21	偿还前欠货款	应付账款		12 000.00	564 986.00
	10	记25	补记8月7日账	应付账款		9 000.00	555 986.00

表 6-23

应付账款明细账

明细科目：宏鑫厂

2018年		凭证号数	摘要	借方	贷方	借或贷	余额
月	日						
8	07		承前页			贷	78 000.00
	07	记21	偿还前欠货款	12 000.00		贷	66 000.00
	10	记25	补记8月7日账	9 000.00		贷	57 000.00

项目七 结　　账

【实训目标】

通过实训，能够规范办理结账手续。

【实训资料】

一、相关项目实训资料

(1) 项目二的相关账务资料。

(2) 项目三任务四的相关账务资料。

(3) 项目四任务一的相关账务资料。

(4) 项目五的相关账务资料。

二、中兴公司 2019 年 7 月 31 日的相关经济业务

(1) 31 日，企业清理确认因人为事故造成的火灾损失 AKD 材料 100 千克，AKD 材料购入时适用的增值税税率为 13%，财产损失已清理处置完毕。

(2) 31 日，分配本月应付职工薪酬 91 733 元，其中：生产工人工资 60 900 元(按照产品生产工时进行分配，本月 ST 产品生产工时为 2 140 小时，TM 产品生产工时为 1 070 小时)，车间管理人员工资 11 920 元，企业管理人员工资 18 913 元。(提示：将工资费用分配表填制完全。)

(3) 31 日，计提本月固定资产折旧。(提示：将折旧提取计算表填制齐全。)

(4) 31 日，按照产品生产工时进行分配结转本月制造费用。(提示：填制费用分配表。)

(5) 31 日，本月完工 ST 产品 200 件，结转其成本 97 080 元(其中：直接材料 44 840 元、直接人工 41 600 元、制造费用 10 640 元)。TM 产品月末全部未完工。(提示：填制完工产品成本计算表、产品入库单。)

(6) 31 日，结转已销产品成本。(提示：填制主营业务成本计算表。)

(7) 31 日，计提本月短期借款利息，年利率为 5.4%。(提示：填制应付利息计算表。)

(8) 31 日，计算本月应交城市维护建设税和教育费附加。(提示：填制应交税费计算表。)

(9) 31 日，结转本期损益。(提示：填制结转利润前收支损益账户余额表。)

三、相关原始凭证

实训材料 7－1

关于财产清查结果的处理意见

财务部：

根据你部上报的 AKD 材料清查结果情况，经理会议研究决定做损失处理。

总经理：杨云天

2019 年 7 月 31 日

实训材料 7－2

工资费用分配表

年 月 日 金额单位：元

部门名称			分配对象	分配标准	分配率	分摊金额
生产车间	生产工人	ST 产品				
		TM 产品				
		合计	60 900			60 900
	管理人员		11 920			11 920
管理部门			18 913			18 913
合 计			91 733			91 733

会计　　　　复核　　　　制表

实训材料 7－3

固定资产折旧提取计算表

金额单位：元

使用部门	固定资产类别	月初应计提折旧固定资产原值	月折旧率	月折旧额
生产车间	房屋及建筑物	800 000	0.2%	
	机器设备	224 000	0.5%	
管理部门	房屋及建筑物	840 000	0.2%	
	机器设备	72 000	0.5%	
出租	机器设备	120 000	0.5%	
合 计		2 056 000		

7

实训材料 7－4

中兴公司费用分配表

金额单位：元

分配对象	分配标准	分配率	分摊额
合计			

会计　　　　复核　　　　制表

实训材料 7－5－1

完工产品成本计算表

年　月　　　　金额单位：元

成本项目	产品名称： 产　　量：		产品名称： 产　　量：		合　计
	总成本	单位成本	总成本	单位成本	
直接材料					
直接人工					
制造费用					
合　计					

实训材料 7－5－2

产品入库单

年　月　日　　　　第＿＿＿＿号

编号	名称	规格	单位	数量		单价	金额	备注
				交库	实发			
合　计								

二记账联

记账　　　　验收　　　　制单

7

实训材料 7－6

主营业务成本计算表

年 月　　　　金额单位：元

<table>
<tr><td rowspan="3">产品名称</td><td rowspan="3">单位</td><td colspan="2" rowspan="2">月初结存</td><td colspan="2" rowspan="2">本月入库</td><td colspan="5">本月发出</td></tr>
<tr><td colspan="2">其他发出</td><td colspan="3">销　售</td></tr>
<tr><td>数量</td><td>总成本</td><td>数量</td><td>总成本</td><td>数量</td><td>总成本</td><td>数量</td><td>加权平均单位成本</td><td>总成本</td></tr>
<tr><td></td><td></td><td></td><td></td><td></td><td></td><td></td><td></td><td></td><td></td><td></td></tr>
<tr><td></td><td></td><td></td><td></td><td></td><td></td><td></td><td></td><td></td><td></td><td></td></tr>
<tr><td></td><td></td><td></td><td></td><td></td><td></td><td></td><td></td><td></td><td></td><td></td></tr>
<tr><td>合计</td><td></td><td></td><td></td><td></td><td></td><td></td><td></td><td></td><td></td><td></td></tr>
</table>

会计主管：　　　　复核：　　　　制表：

实训材料 7－7

中兴公司应付利息计算表

2019 年 7 月 31 日　　　　金额单位：元

<table>
<tr><td>借 款 金 额</td><td>月　利　率</td><td>借 款 利 息</td></tr>
<tr><td></td><td></td><td></td></tr>
<tr><td></td><td></td><td></td></tr>
<tr><td colspan="2">合计</td><td></td></tr>
</table>

实训材料 7－8

应交税费计算表

年 月 日至 年 月 日　　　　金额单位：元

<table>
<tr><td>项　目</td><td>计税金额</td><td>适用税率</td><td>税　额</td><td>备　注</td></tr>
<tr><td></td><td></td><td></td><td></td><td></td></tr>
<tr><td></td><td></td><td></td><td></td><td></td></tr>
<tr><td></td><td></td><td></td><td></td><td></td></tr>
<tr><td></td><td></td><td></td><td></td><td></td></tr>
<tr><td></td><td></td><td></td><td></td><td></td></tr>
<tr><td colspan="3">合　　计</td><td></td><td></td></tr>
</table>

会计主管：　　　　复核：　　　　制表：

7

实训材料 7－9

结转利润前收支损益账户余额

2019 年 7 月 31 日　　　　金额单位：元

收入类科目		支出类科目	
项　　目	金　　额	项　　目	金　　额
主营业务收入		主营业务成本	
其他业务收入		税金及附加	
投资收益		其他业务成本	
营业外收入		销售费用	
公允价值变动损益		管理费用	
		财务费用	
		资产减值损失	
		营业外支出	
合　计		合　计	

【实训要求】

(1) 根据实训资料识别并填制相应的原始凭证。

(2) 根据实训资料进行会计核算，并选择相应的记账凭证按规范编制。

(3) 根据实训资料登记现金日记账和银行存款日记账。

(4) 根据实训资料登记相关明细账。

(5) 根据实训资料登记相关总账。

(6) 办理月结手续。

(7) 实训所需材料：转账凭证 11 张，继续使用项目二的相关账簿材料。

【实训指引】

一、结账程序

(1) 结账前，查明本报告期内所发生的经济业务是否全部登记入账，对漏记和未记的账项应及时补记，对错账进行更正。

(2) 结账前，在本期发生的各项经济业务已全部入账的基础上，根据权责发生制原则的要求，对本期内应转账的业务包括应收、应付款项，收入、费用、成本的结转，资产计提减值准备、财产清查等进行调整入账，正确计算本期应计收入和应计费用。

(3) 结账时，将本期应计收入和应计费用，通过一定的会计账务处理在有关账户之间进行结转，结平所有损益类账户，按规定在账簿中做出结账的手续，并据以计算本期的利润或亏损，反映经营成果以及利润的分配。

(4) 结账时，结算出资产、负债和所有者权益类账户的本期发生额和余额并按照规定在账簿中做出结账的手续。

(5) 根据结出的每个账户的本期发生额和期末余额，编制相应的“账户本期发生额和余额表”进行试算平衡，检查总账和明细账的发生额和余额记录是否正确，为编制财务会计报告提供依据。

二、结账方法

(一) 结账的基本方法

结账时，应当结出每个账户的期末余额。需要结出当月发生额的，应在“摘要”栏内注明“本月合计”字样，并在下面通栏画单红线；如果本月只发生一笔经济业务，由于此笔记录的金额就是本月发生额，结账时只要在此项记录下画一条红线，表示与下月的发生额分开就可以了，不需要另结出“本月合计”数。需要结出本年累计发生额的，应当在“摘要”栏内注明“本年累计”字样，并在下面通栏画单红线；“本月合计”行已有余额的，“本年累计”行就不必要再写余额了。12 月末的“本年累计”就是全年累计发生额，全年累计发生额下面应当通栏画双红线。年度终了结账时，所有总账账户都应结出全年发生额和年末余额。

结账画线的目的是为了突出本月合计数及月末余额，表示本会计期间的会计记录已经截止并结束，并将本期与下期的记录明显分开。根据《会计基础工作规范》的规定，月结画单线，年结画双线。画线时，应画红线；画线应画通栏线，不应只在本账页中金额部分画线。

（二）结账的具体方法

（1）对于不需要按月结计本期发生额的账户，如应收应付款项等结算类明细账、财产物资明细账等，在每次记账以后，都要随时结出余额，每月最后一笔余额即为月末额。也就是说，月末余额就是本月最后一笔经济业务记录的同一行内的余额。月末结账时，只需要在本月最后一笔经济业务记录之下画一条通栏单红线即可，不需要再结计一次余额，如表7－1所示。

表7－1 原材料明细账

材料编号：2001　　　　计量单位：千克
材料类别：主要材料　　最高存量：（略）
品名及规格：甲材料　　最低存量：（略）

2018年		凭证号数	摘要	收入			发出			结存		
月	日			数量	单价	金额	数量	单价	金额	数量	单价	金额
9	05		承前页							890	100.00	89 000.00
	05	略	略	500	100.00	50 000.00				1 390	100.00	139 000.00
	07	略	略				200	100.00	20 000.00	1 190	100.00	119 000.00
	15	略	略				350	100.00	35 000.00	840	100.00	84 000.00

（2）对于现金、银行存款日记账和需要按月结计发生额的收入、费用等明细账，每月结账时，要在最后一笔经济业务记录下面画一条通栏单红线，结出本月发生额和余额，在"摘要"栏内注明"本月合计"字样，在下面画一条通栏单红线，如表7－2所示。

表7－2 银行存款日记账

2018年		凭证号数	摘要	对方科目	收入	付出	结余
月	日						
9	24		承前页		173 260.00	197 310.00	102 790.00
	25	略	略	略		28 500.00	74 290.00
	25	略	略	略		20 000.00	54 290.00
	29	略	略	略	11 700.00		65 990.00
	30		本月合计		184 960.00	245 810.00	65 990.00

（3）对于需要结计本年累计发生额的某些明细账户，如主营业务收入、成本明细账等，

每月结账时，应在“本月合计”行下结计自年初起至本月末止的累计发生额，登记在月份发生额下面，在摘要栏内注明“本年累计”字样，并在下面再画一条通栏单红线。12 月末的“本年累计”就是全年累计发生额，全年累计发生额下画通栏双红线，如表 7-3 所示。

表 7-3 主营业务收入明细账

账户名称：A 产品

2018年		凭证号数	摘　要	借　方	贷　方	借或贷	余　额
月	日						
12	20		承前页		30 000.00	贷	30 000.00
	20	略	略		10 000.00	贷	40 000.00
	25	略	略		20 000.00	贷	60 000.00
	31	略	略	60 000.00		平	-0-
	31		本月合计	60 000.00	60 000.00	平	-0-
	31		本年累计	740 000.00	740 000.00		

（4）总账账户平时只需结计月末余额。年终结账时，为了反映全年各项资产、负债及所有者权益增减变动的全貌，便于核对账目，要将所有总账账户结计全年发生额和年末余额，在“摘要”栏内注明“本年合计”字样，并在合计数下画通栏双红线，如表 7-4 所示。

表 7-4 总 分 类 账

账户名称：应交税费

2018年		凭证号数	摘　要	借　方	贷　方	借或贷	余　额
月	日						
12	09		承前页			贷	11 500.00
	09	略	略	20 000.00		借	8 500.00
	10	略	略		5 100.00	借	3 400.00
	20	略	略		6 800.00	贷	3 400.00
	31	略	略		7 524.00	贷	10 924.00
	31		本年合计	1 569 870.00	1 754 240.00	贷	10 924.00

（5）年度终了，要把各账户的余额结转到下一会计年度，并在“摘要”栏注明“结转下年”字样；在下一会计年度新建有关会计账簿的第一行“余额”栏内填写上年结转的余额，并在“摘要”栏注明“上年结转”字样，如表 7-5 所示。

7

表 7－5 总 分 类 账

账户名称：应交税费

2018年		凭证号数	摘 要	借 方	贷 方	借或贷	余 额
月	日						
12	09		承前页			贷	11 500.00
	09	略	略	20 000.00		借	8 500.00
	10	略	略		5 100.00	借	3 400.00
	20	略	略		6 800.00	贷	3 400.00
	31	略	略		7 524.00	贷	10 924.00
	31		本年合计	1 569 870.00	1 574 240.00	贷	10 924.00
			结转下年				

7

项目八　编制财务会计报告

【实训目标】

通过实训，能够正确编制企业资产负债表和利润表。

【实训资料】

（1）项目二的相关账务资料。
（2）项目三任务四的相关账务资料。
（3）项目四任务一的相关账务资料。
（4）项目五的相关账务资料。
（5）项目七的相关账务资料。

【实训要求】

（1）根据实训资料，编制中兴公司 2019 年 7 月 31 日的资产负债表（年初余额略）。
（2）根据实训资料，编制中兴公司 2019 年 7 月份的利润表（上期金额略）。
（3）实训所需材料：资产负债表 1 张（实训材料 8 - 1），利润表 1 张（实训材料 8 - 2）。

实训材料 8 - 1

资 产 负 债 表

会企 01 表

编制单位：　　　　____年____月____日　　　　单位：元

资　　产	期末余额	年初余额	负债和所有者权益（或股东权益）	期末余额	年初余额
流动资产：			流动负债：		
货币资金			短期借款		
以公允价值计量且其变动计入当期损益的金融资产			以公允价值计量且其变动计入当期损益的金融负债		
衍生金融资产			衍生金融负债		
应收票据			应付票据		
应收账款			应付账款		

8

续 表

资 产	期末余额	年初余额	负债和所有者权益（或股东权益）	期末余额	年初余额
预付款项			预收款项		
其他应收款			应付职工薪酬		
存货			应交税费		
持有待售资产			其他应付款		
一年内到期的非流动资产			持有待售负债		
其他流动资产			一年内到期的非流动负债		
流动资产合计			其他流动负债		
非流动资产：			流动负债合计		
可供出售金融资产			非流动负债：		
持有至到期投资			长期借款		
长期应收款			应付债券		
长期股权投资			其中：优先股		
投资性房地产			永续债		
固定资产			长期应付款		
在建工程			预计负债		
生产性生物资产			递延收益		
油气资产			递延所得税负债		
无形资产			其他非流动负债		
开发支出			非流动负债合计		
商誉			负债合计		
长期待摊费用			所有者权益（或股东权益）：		
递延所得税资产			实收资本（或股本）		
其他非流动资产			其他权益工具		
非流动资产合计			其中：优先股		
			永续债		
			资本公积		
			减：库存股		
			其他综合收益		
			专项储备		
			盈余公积		
			未分配利润		
			所有者权益（或股东权益）合计		
资产总计			负债和所有者权益（或股东权益）总计		

实训材料 8-2

利 润 表

会企 02 表

编制单位：　　　　　　　　　　____年____月　　　　　　　　　　单位：元

项　　　　目	本期金额	上期金额
一、营业收入		
减：营业成本		
税金及附加		
销售费用		
管理费用		
研发费用		
财务费用		
其中：利息费用		
利息收入		
加：其他收益		
投资收益（损失以“-”号填列）		
其中：对联营企业和合营企业的投资收益		
公允价值变动收益（损失以“-”号填列）		
资产减值损失（损失以“-”号填列）		
资产处置收益（损失以“-”号填列）		
二、营业利润（亏损以“-”号填列）		
加：营业外收入		
减：营业外支出		
三、利润总额（亏损总额以“-”号填列）		
减：所得税费用		
四、净利润（净亏损以“-”号填列）		
（一）持续经营净利润（净亏损以“-”号填列）		
（二）终止经营净利润（净亏损以“-”号填列）		
五、其他综合收益的税后净额		
（一）不能重分类进损益的其他综合收益		
1. 重新计量设定受益计划变动额		
2. 权益法下不能转损益的其他综合收益		
……		
（二）将重分类进损益的其他综合收益		
1. 权益法可转损益的其他综合收益		

8

续 表

项　　　　目	本期金额	上期金额
2. 可供出售金融资产公允价值变动损益		
3. 持有至到期投资重分类为可供出售金融资产损益		
4. 现金流量套期损益的有效部分		
5. 外币财务报表折算差额		
……		
六、综合收益总额		
七、每股收益：		
（一）基本每股收益		
（二）稀释每股收益		

【实训指引】

一、财务会计报告的编制规范

（一）编制前的准备工作

（1）在编制财务会计报告前，特别是在编制年度财务会计报告前，对单位的财产物资要进行盘点清查，检查账实是否相符。如发现账实不符，应查明原因，并按规定及时调整账目，做到账实相符。

（2）核对各会计账簿记录与会计凭证的内容、金额等是否一致，记账方向是否相符。

（3）依照规定的结账日进行结账，结出有关会计账簿的余额和发生额，并核对各会计账簿之间的余额。

（4）检查相关的会计核算是否按照国家统一的会计制度准则的规定进行。

（5）对于国家统一的会计制度准则没有规定统一核算方法的交易、事项，检查其是否按照会计核算的一般原则进行确认和计量以及相关账务处理是否合理。

（6）检查是否存在因会计差错、会计政策变更等原因需要调整前期或者本期相关项目。

（二）编制要求

（1）企业应当按照国家统一的会计制度准则规定的财务会计报告格式和内容，根据登记完整、核对无误的会计账簿记录和其他有关资料编制财务会计报告，做到内容完整、数字真实、计算准确，不得漏报或者任意取舍。

（2）会计报表之间、会计报表各项目之间，凡有对应关系的数字，应当相互一致；会计报表中本期与上期的有关数字应当相互衔接。

（3）会计报表内的文字和数字必须工整清晰，不得潦草；填写出现差错时，应按照规定方法更正，并加盖制表人印章。

（4）会计报表的填列，以人民币“元”为金额单位，“元”以下填至“分”。出现负数的项目，应以“－”号表示，“－”号应在数字之前占两个数字格。

（5）会计报表附注和财务情况说明书应当按照有关规定，对会计报表中需要说明的事项做出真实、完整、清楚的说明。

二、资产负债表的编制方法

资产负债表的“年初数”栏内各项数字，应根据上年末资产负债表“期末数”栏内所列数字填列。如果本年度资产负债表规定的各个项目的名称和内容同上年度不相一致，应对上年年末资产负债表各项目的名称和数字按照本年度的规定进行调整，填入本表“年初数”栏内。

资产负债表的“期末数”可为月末、季末或年末的数字，其数据来源主要通过以下几种方式取得：根据总账科目余额直接填列、根据总账科目余额计算填列、根据明细科目余额计算填列、根据总账科目和明细科目的余额分析计算填列、根据科目余额减去其备抵项目后的净额填列。资产负债表中一些特殊项目的填列方法如例 8－1 至例 8－8 所示。

【例 8－1】 思达公司 2018 年 12 月 31 日结账后的“库存现金”账户余额为 10 000 元，“银行存款”账户余额为 4 000 000 元，“其他货币资金”账户余额为 1 000 000 元。

本例中，企业应按照“库存现金”“银行存款”和“其他货币资金”三个总账账户余额加总后的金额，作为资产负债表中“货币资金”项目的金额。则该企业 2018 年 12 月 31 日资产负债表中的“货币资金”项目金额为：

10 000＋4 000 000＋1 000 000＝5 010 000（元）

【例 8－2】 思达公司 2018 年 12 月 31 日结账后有关账户所属明细账户借贷方余额如表 8－1 所示。

表 8－1　　账户余额表

单位：元

账户名称	明细账户借方余额合计	明细账户贷方余额合计
应收账款	1 600 000	100 000
预付账款	800 000	60 000
应付账款	400 000	1 800 000
预收账款	600 000	1 400 000

本例中，根据“应收账款”账户所属明细账户借方余额 1 600 000 元和“预收账款”账户所属明细账户借方余额 600 000 元加总，作为资产负债表中“应收账款”的项目金额，即 2 200 000 元；根据“预付账款”账户所属明细账户借方余额 800 000 元和“应付账款”账户所属明细账户借方余额 400 000 元加总，作为资产负债表中“预付款项”的项目金额，即 1 200 000 元；根据“应付账款”账户所属明细账户贷方余额 1 800 000 元和“预付账款”账户所属明细账户贷方余额 60 000 元加总，作为资产负债表中“应付账款”的项目金额，即 1 860 000 元；根据“预收账款”账户所属明细账户贷方余额 1 400 000 元和“应收账款”账户所属明细账户贷方余额 100 000 元加总，作为资产负债表中“预收款项”的项目金额，即 1 500 000 元。

【例 8-3】 思达公司 2018 年 12 月 31 日结账后的"其他应收款"账户余额为 63 000 元,"坏账准备"账户中有关其他应收款计提的坏账准备为 2 000 元。

本例中,企业应当以"其他应收款"总账账户余额,减去"坏账准备",账户中为其他应收款计提的坏账准备金额后的净额,作为资产负债表中"其他应收款"的项目金额。则该企业 2018 年 12 月 31 日资产负债表中的"其他应收款"项目金额为:

63 000－2 000＝61 000(元)

【例 8-4】 思达公司采用计划成本核算材料,2018 年 12 月 31 日结账后有关账户余额为:"材料采购"账户余额为 140 000 元(借方),"原材料"账户余额为 2 400 000(借方),"周转材料"账户余额为 1 800 000 元(借方),"库存商品"账户余额为 1 600 000 元(借方),"生产成本"账户余额为 600 000 元(借方),"材料成本差异"账户余额为 120 000 元(贷方),"存货跌价准备"账户余额为 210 000 元(借方)。

本例中,企业应当以"材料采购"(表示在途材料采购成本)"原材料""周转材料"(比如包装物和低值易耗品等)"库存商品""生产成本"(表示期末在产品金额)各总账账户余额加总后,加上或减去"材料成本差异"总账账户的余额(若为贷方余额,应减去;若为借方余额,应加上),再减去"存货跌价准备"总账账户余额后的净额,作为资产负债表中"存货"项目的金额。则该企业 2018 年 12 月 31 日资产负债表中的"存货"项目金额为:

140 000＋2 400 000＋1 800 000＋1 600 000＋600 000－120 000－210 000＝6 210 000(元)

【例 8-5】 思达公司 2018 年 12 月 31 日结账后的"长期股权投资"账户余额为 100 000 元,"长期股权投资减值准备"账户余额为 6 000 元。

本例中,企业应当以"长期股权投资"总账账户余额 100 000 元,减去其备抵账户"长期股权投资减值准备"账户余额后的净额,作为资产负债表中"长期股权投资"的项目金额。则该企业 2018 年 12 月 31 日资产负债表中的"长期股权投资"项目金额为:

100 000－6 000＝94 000(元)

8

【例 8-6】 思达公司 2018 年 12 月 31 日结账后的"固定资产"账户余额为 1 000 000 元,"累计折旧"账户余额为 90 000 元,"固定资产减值准备"账户余额为 200 000 元。

本例中,企业应当以"固定资产"总账账户余额,减去"累计折旧"和"固定资产减值准备"两个备抵账户余额后的净额,作为资产负债表中"固定资产"的项目金额。则该企业 2018 年 12 月 31 日资产负债表中的"固定资产"项目金额为:

1 000 000－90 000－200 000＝710 000(元)

【例 8-7】 思达公司 2018 年"长期待摊费用"账户的期末余额为 375 000 元,将于一年内摊销的数额为 204 000 元。

本例中，企业应当根据“长期待摊费用”总账账户余额 375 000 元，减去将于一年内摊销的金额 204 000 元，作为资产负债表中“长期待摊费用”项目的金额，即 171 000 元。将于一年内摊销完毕的 204 000 元，应当填列在流动资产下“一年内到期的非流动资产”项目中。则该企业 2018 年 12 月 31 日资产负债表中的“长期待摊费用”项目金额为：

375 000－204 000＝171 000(元)

【例 8－8】 思达公司长期借款情况如表 8－2 所示。

表 8－2 长期借款情况表

借款起始日期	借款期限/年	金额/元
2018 年 1 月 1 日	3	1 000 000
2016 年 1 月 1 日	5	2 000 000
2015 年 6 月 1 日	4	1 500 000

本例中，企业应当根据“长期借款”总账账户余额 4 500 000(1 000 000＋2 000 000＋1 500 000)元，减去一年内到期的长期借款 1 500 000 元，作为资产负债表中“长期借款”项目的金额，即 3 000 000 元。将在一年内到期的长期借款 1 500 000 元，应当填列在流动负债下“一年内到期的非流动负债”项目中。则该企业 2018 年 12 月 31 日资产负债表中“长期借款”项目金额为：

1 000 000＋2 000 000＝3 000 000(元)

三、利润表的编制方法

利润表“本月数”栏反映各项目的本月实际发生数，在编制月度报表时，应根据有关损益类账户的本月发生额分析填列。

利润表“本年累计数”栏反映各项目自年初起至报告期末止的累计实际发生数。根据上月利润表的“本年累计数”栏的数字，加上本月利润表的“本月数”栏的数字，可以得出各项目的本月“本年累计数”，然后填入相应的项目内。

在编报中期和年度财务会计报告时，应将“本月数”栏改成“上年数”栏。在编报中期财务会计报告时，填列上年同期累计实际发生数；在编报年度财务会计报告时，填列上年全年累计实际发生数。如果上年度利润表与本年度利润表的项目名称和内容不相一致，应对上年度利润表项目的名称和数字按本年度的规定进行调整，填入本表“上年数”栏。

项目九　会计档案整理归档

【实训目标】

通过实训，能按照规范要求整理、装订凭证、账簿、报表等会计档案资料。

【实训资料】

(1) 项目二的相关账务资料。

(2) 项目三任务四的相关账务资料。

(3) 项目四任务一的相关账务资料。

(4) 项目五的相关账务资料。

(5) 项目七的相关账务资料。

(6) 项目八的相关账务资料。

【实训要求】

(1) 整理、装订上述项目实训所形成的凭证、账簿、报表等会计档案资料。

(2) 实训所需材料：铁锥、小手电钻或装订机、线绳、铁夹、胶水、凭证封皮、包角纸、账簿封皮、报表封皮等。

【实训指引】

一、整理装订会计凭证

会计机构和会计人员在记账以后，应当定期（每日、每旬或每月）对各种会计凭证加以分类整理，装订成册。装订的范围包括原始凭证、记账凭证、科目汇总表等。科目汇总表的工作底稿也可以装订在内，作为科目汇总表的附件。使用计算机的企业，还应将转账凭证清单等装订在内。具体整理、装订步骤如下：

（一）整理会计凭证

会计凭证装订前首先应将原始凭证、记账凭证、科目汇总表等凭证进行整理。会计凭证的整理工作，主要是对凭证进行排序、粘贴和折叠。

(1) 排序。对会计凭证要进行分类整理，按顺序排列，并检查日数、编号是否齐全。

（2）粘贴。对于纸张面积过小的原始凭证，一般无法直接装订，可先按一定次序和类别排列，再粘在一张比记账凭证略小的白纸上。粘贴时小票应分张排列，同类同金额的单据应粘贴在一起，同时，在一旁注明张数和合计金额。

（3）折叠。对于纸张面积大于记账凭证的原始凭证，可按略小于记账凭证的面积尺寸，先自右向后，再自下向后两次折叠。注意应把凭证的左上角或左侧面让出来，以便装订后，还可以展开查阅。

（二）装订成册

装订前，要准备好铁锥、装订机或小手电钻，还有线绳、铁夹、胶水、凭证封皮、包角纸等。具体装订步骤如下：

（1）将凭证封面和封底裁开，分别附在凭证前面和后面，将全部凭证以左上角为准对齐，再拿一张质地相同的纸放在封面左上角，做包角纸。

（2）在凭证的左上角画一边长为 6 厘米的等腰三角形，用铁夹夹住，用装订机在该等腰三角形处打三个针眼，再用大针引线绳实行三眼一线装订，在凭证的背面打结。如图 9－1 所示，图中虚线为折叠线，圆圈为装订针眼，阴影部分为包角纸中需要裁剪的部分。

（3）将包角纸向左上侧面折，并将一侧剪开至凭证的左上角。如图 9－2 所示，图中虚线为折叠线，阴影部分为包角纸中需要裁剪的部分。

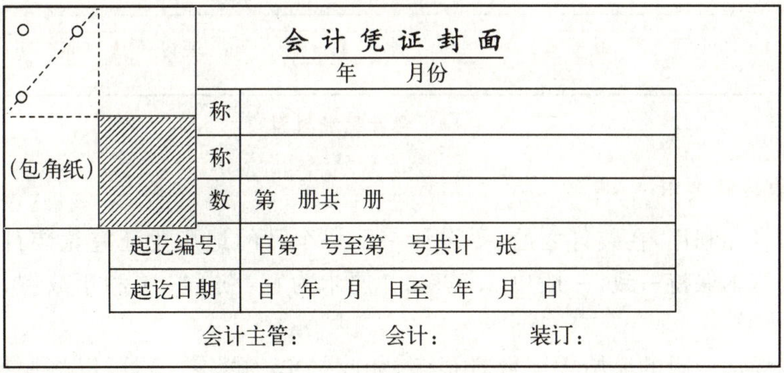

图 9－1　会计凭证的装订（1）

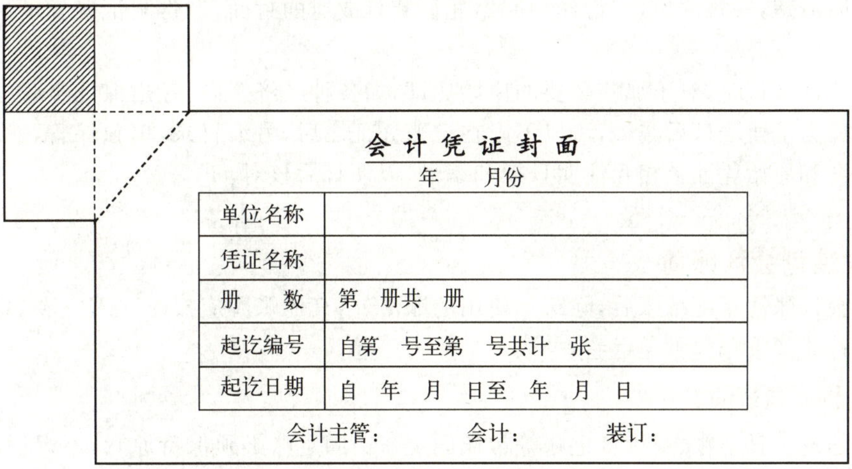

图 9－2　会计凭证的装订（2）

(4) 将包角纸右上角和左下角两小块反折到凭证封底，粘在打好的绳结上，将绳结压在里面然后抹上胶水。

(5) 待晾干后，在凭证本的侧脊上面写上“某年某月第几册共几册”的字样。装订人在装订线封签处签名或者盖章。

(三) 填写封面

会计凭证装订成册后，应当填写封面。会计凭证的封面在填写时，应当包括以下内容：单位名称、所属的年度和月份、起讫日期、凭证种类、起讫号码等。会计凭证封面的一般格式，如图 9-3 所示。

会 计 凭 证 封 面

2018年9月份

单位名称	中兴公司
凭证名称	记账凭证
册　　数	第1册共3册
起讫编号	自第01号至第78号共计94张
起讫日期	自2018年9月1日至2018年9月10日

会计主管：张峰　　会计：李财　　装订：李财

图 9-3 会计凭证封面

(四) 其他装订要求

为方便保管和利用，在装订之前，要设计一下一个月的记账凭证究竟装订成几册为好。每册的厚薄应基本保持一致，一般以 1.5～2.0 厘米为宜。过薄，不利于放置；过厚，不便于翻阅核查。

某些记账凭证所附的原始凭证数量很多，如收料单、领料单等，可以将原始凭证单独装订保管。但应将原始凭证张数、数量、金额、收款或付款方式和所属记账凭证的日期、种类、编号等注明清楚，一式两份，一份作为原始凭证装订成册的封面，一份附记账凭证后面，以便查考。

会计凭证装订时，对于那些重要的原始凭证，如各种经济合同、存出保证金收据、涉外文件、契约等，为了便于日后查阅，可以不附在记账凭证之后，另编目录，单独保管，然后在相关的记账凭证和原始凭证上相互注明日期和编号，以便日后核对。

二、整理装订会计账簿

各种会计账簿年度结账后，除跨年使用的账簿外，其他账簿应按时整理立卷。同一会计年度内会计账簿按账簿种类组卷，一般一本账为一卷。

(一) 固定账簿的组卷

手工的现金日记账、银行日记账等常作固定账。固定账必须保持原状，不得拆散或抽去空白页，但一般在记录账页的最末一行的上下分别画一条红线，以示结束。此外，还应在会计档案案卷备考表中详细注明已使用账页的页数和空白页数。

（二）活页账簿的组卷

对会计电算化打印出的账簿与手工材料明细账、内部往来账、固定资产分户账等活页账簿，需要进行整理装订，具体要求如下：

（1）整理账簿。账簿装订前，首先按账簿启用表的使用页数核对各个账户是否相符，账页数是否齐全，序号排列是否连续。

（2）装订账簿。去除空白页、撤掉账夹等固定物品，保留有内容的账页，将其账页数填写齐全。然后按会计账簿封面、账簿启用表、账户目录、该账簿按页数顺序排列的账页、会计账簿装订封底的顺序装订。多栏式活页账、三栏式活页账、数量金额式活页账等不得混装，应按同类 业务、同类账页装订在一起。装订的会计账簿应牢固、平整，不得有错页、掉页、空白纸及折角、缺角等情况。

（3）填写封面。在本账的封面上填写好账目的种类，编好卷号，会计主管人员和装订人（经办人）签章。

三、整理装订会计报表

会计机构和会计人员在会计报表编制完成及时报送后，留存的报表应按月装订成册谨防丢失。具体整理、装订步骤如下：

（一）整理会计报表

会计报表装订前要按编报目录核对是否齐全，整理报表页数，上边和左边对齐压平，防止折角，如有损坏部位修补后，完整无缺地装订。

（二）装订会计报表

会计报表装订顺序为：会计报表封面、会计报表编制说明、各种会计报表按会计报表的编号顺序排列、会计报表的封底。

（三）填写封面

会计报表的封面在填写时，应当包括以下内容：单位名称、所属的年度和月份、企业负责人、财务主管、制表人等。会计报表封面的一般格式，如图 9－4 所示。

企业名称　芜江市中兴公司

会　计　报　表

2018 年度

2 季度

5 月份

企业负责人：吴刚　财务主管：李才　制表：何真　报送日期：2018 年 6 月 4 日

图 9－4　会计报表封面

项目十　综合模拟实训

【实训目标】

通过完成一次会计循环的账务处理，系统掌握会计核算的基本规范。做到理论与实践相结合，以提高会计实务操作能力。

【实训资料】

一、模拟企业概况

（1）企业名称：日新公司；

（2）地址、电话：临江市银湖路16号、0553－3268116；

（3）纳税人识别号：91341001012412956K；

（4）开户银行及账号：中国工商银行银湖路办事处、35－47026。

二、企业内部生产部门设置

（1）一生产车间：生产甲、乙两种产品（化学原料及制品）。

（2）二生产车间：生产丙、丁两种产品（化学原料及制品）。

三、会计核算方法

（1）记账方法：借贷记账法。

（2）会计核算形式：科目汇总表核算形式，每10天汇总一次，登记总账。

四、期初建账资料

（1）日新公司2019年6月30日总分类账户余额如表10－1所示：

表10－1　总分类账表

总账科目名称	账户余额	
	借　方	贷　方
库存现金	930.00	
银行存款	206 920.00	
应收账款	32 000.00	

续 表

总账科目名称	账户余额	
	借 方	贷 方
其他应收款	2 000.00	
在途物资	6 000.00	
原材料	48 880.00	
周转材料	15 000.00	
库存商品	89 600.00	
固定资产	1 800 000.00	
累计折旧		320 000.00
交易性金融资产	56 400.00	
利润分配	327 280.00	
短期借款		79 600.00
应付账款		40 000.00
其他应付款		1 600.00
应付职工薪酬		21 000.00
生产成本	4 530.00	
实收资本		1 300 000.00
盈余公积		177 340.00
本年利润		650 000.00
合 计	2 589 540.00	2 589 540.00

（2）日新公司日记账、明细账建账期初余额如表 10－2 所示：

表 10－2 日记账及明细账表

总 账 科 目	日记账及明细账科目	账户余额	
		借 方	贷 方
库存现金		930.00	
银行存款		206 920.00	
应收账款	利民公司	8 000.00	
	博凡公司	4 000.00	
	东方商场	20 000.00	
应付账款	临江红星材料厂		10 000.00
	华伟材料厂		16 000.00
	临江富民材料公司		14 000.00

续 表

<table>
<tr><th rowspan="2">总账科目</th><th rowspan="2" colspan="2">日记账及明细账科目</th><th colspan="2">账户余额</th></tr>
<tr><th>借 方</th><th>贷 方</th></tr>
<tr><td rowspan="4">在途物资</td><td colspan="2">A材料</td><td></td><td></td></tr>
<tr><td colspan="2">B材料(6月25日从临江红星材料厂采购，记字68号,4 000千克,买价5 920.00,运费80.00)</td><td>6 000.00</td><td></td></tr>
<tr><td colspan="2">C材料</td><td></td><td></td></tr>
<tr><td colspan="2">D材料</td><td></td><td></td></tr>
<tr><td rowspan="4">原材料</td><td>A材料</td><td>18 880千克</td><td>18 880.00</td><td></td></tr>
<tr><td>B材料</td><td>8 000千克</td><td>12 000.00</td><td></td></tr>
<tr><td>C材料</td><td>30 000千克</td><td>12 000.00</td><td></td></tr>
<tr><td>D材料</td><td>600千克</td><td>6 000.00</td><td></td></tr>
<tr><td rowspan="4">库存商品</td><td>甲产品</td><td>11 000千克</td><td>8 800.00</td><td></td></tr>
<tr><td>乙产品</td><td>20 000千克</td><td>20 000.00</td><td></td></tr>
<tr><td>丙产品</td><td>16 000千克</td><td>32 000.00</td><td></td></tr>
<tr><td>丁产品</td><td>12 000千克</td><td>28 800.00</td><td></td></tr>
<tr><td rowspan="12">生产成本</td><td rowspan="3">甲产品</td><td>直接材料</td><td></td><td></td></tr>
<tr><td>直接人工</td><td></td><td></td></tr>
<tr><td>制造费用</td><td></td><td></td></tr>
<tr><td rowspan="3">乙产品</td><td>直接材料</td><td></td><td></td></tr>
<tr><td>直接人工</td><td></td><td></td></tr>
<tr><td>制造费用</td><td></td><td></td></tr>
<tr><td rowspan="3">丙产品</td><td>直接材料</td><td></td><td></td></tr>
<tr><td>直接人工</td><td></td><td></td></tr>
<tr><td>制造费用</td><td></td><td></td></tr>
<tr><td rowspan="3">丁产品</td><td>直接材料</td><td>3 700.00</td><td></td></tr>
<tr><td>直接人工</td><td>510.00</td><td></td></tr>
<tr><td>制造费用</td><td>320.00</td><td></td></tr>
<tr><td rowspan="5">制造费用</td><td rowspan="5">一车间</td><td>职工薪酬</td><td></td><td></td></tr>
<tr><td>折旧费</td><td></td><td></td></tr>
<tr><td>水电费</td><td></td><td></td></tr>
<tr><td>办公费</td><td></td><td></td></tr>
<tr><td>其他</td><td></td><td></td></tr>
</table>

续 表

<table>
<tr><th rowspan="2">总账科目</th><th rowspan="2" colspan="2">日记账及明细账科目</th><th colspan="2">账户余额</th></tr>
<tr><th>借方</th><th>贷方</th></tr>
<tr><td rowspan="5">制造费用</td><td rowspan="5">二车间</td><td>职工薪酬</td><td></td><td></td></tr>
<tr><td>折旧费</td><td></td><td></td></tr>
<tr><td>水电费</td><td></td><td></td></tr>
<tr><td>办公费</td><td></td><td></td></tr>
<tr><td>其他</td><td></td><td></td></tr>
<tr><td rowspan="6">管理费用</td><td colspan="2">职工薪酬</td><td></td><td></td></tr>
<tr><td colspan="2">折旧费</td><td></td><td></td></tr>
<tr><td colspan="2">办公费</td><td></td><td></td></tr>
<tr><td colspan="2">差旅费</td><td></td><td></td></tr>
<tr><td colspan="2">水电费</td><td></td><td></td></tr>
<tr><td colspan="2">其他</td><td></td><td></td></tr>
<tr><td rowspan="4">主营业务成本</td><td colspan="2">甲产品</td><td></td><td></td></tr>
<tr><td colspan="2">乙产品</td><td></td><td></td></tr>
<tr><td colspan="2">丙产品</td><td></td><td></td></tr>
<tr><td colspan="2">丁产品</td><td></td><td></td></tr>
<tr><td rowspan="4">主营业务收入</td><td colspan="2">甲产品</td><td></td><td></td></tr>
<tr><td colspan="2">乙产品</td><td></td><td></td></tr>
<tr><td colspan="2">丙产品</td><td></td><td></td></tr>
<tr><td colspan="2">丁产品</td><td></td><td></td></tr>
</table>

注：凡在期初建账资料中未列出的明细账可以不开设。

五、日新公司 2019 年 7 月份发生的经济业务

（1）1 日，会计部门提取备用金 1 000 元，开出现金支票一张。（提示：填制现金支票 1 张，存根入账。）

（2）2 日，生产一车间生产甲产品领用 C 材料 10 000 千克，每千克成本为 0.40 元，计 4 000 元；生产乙产品领用 C 材料 12 000 千克，每千克成本为 0.40 元，计 4 800 元。（提示：填制领料单 2 张，一料一单。）

（3）2 日，上月从临江红星材料厂购进的 B 材料已验收入库，按材料的实际采购成本转账。（提示：填制收料单 1 张。）

（4）2 日，生产二车间生产丙产品领用 A 材料 2 800 千克，每千克成本为 1.00 元，计 2 800 元；生产丁产品领用 B 材料 4 000 千克，每千克成本为 1.50 元，计 6 000 元。（提示：填制领料单 2 张，一料一单。）

（5）2 日，办公室张丽出差预借差旅费 1 000 元，以现金付讫。

(6) 3 日，开出转账支票偿付临江红星材料厂货款 10 000 元。(提示：填制转账支票 1 张，存根入账。)

(7) 5 日，因生产需要，从银行借入短期借款 180 000 元存入银行。

(8) 5 日，从临江红星材料厂购进 A 材料 4 000 千克，每千克进价为 1.00 元，计 4 000 元；B 材料 8 000 千克，每千克进价为 1.50 元，计 12 000 元；增值税进项税额为 2 080 元。上述款项以转账支票付讫。材料已由临江红星材料厂送到，验收入库。(提示：填制转账支票 1 张，存根入账；填制收料单 2 张。)

(9) 5 日，从富民材料公司购进 C 材料 8 000 千克，每千克进价为 0.40 元，计 3 200 元，增值税进项税额为 416 元。上述款项以转账支票付讫。(提示：填制转账支票 1 张，存根入账。)

(10) 6 日，5 日购进的 C 材料由富民材料公司送到，验收入库，按材料的实际采购成本结转。(提示：填制收料单 1 张。)

(11) 6 日，生产一车间生产甲产品领用 A 材料 200 千克，每千克成本为 1.00 元，计 200 元；生产乙产品领用 B 材料 300 千克，每千克成本为 1.50 元，计 450 元。(提示：填制领料单 2 张，一料一单。)

(12) 6 日，生产二车间生产丙产品领用 B 材料 1 200 千克，每千克成本为 1.50 元，计 1 800 元；生产丁产品领用 A 材料 1 000 千克，每千克成本为 1.00 元，计 1 000 元。(提示：填制领料单 2 张，一料一单。)

(13) 6 日，收到东方商场(地址：临江市中山路 32 号；电话：0553－2832666；开户银行：中国工商银行中山路办事处；账号：02－18513；纳税人识别号：91341007396693020N)转账支票 1 张，偿付所欠账款 20 000 元，存入银行。(提示：填制银行进账单 1 张。)

(14) 6 日，销售给东方商场甲产品 2 000 千克，每千克售价为 1.50 元，计 3 000 元；乙产品 4 000 千克，每千克售价为 1.80 元，计 7 200 元，增值税销项税额为 1 326 元，收到转账支票 1 张，送存银行。(提示：填制增值税专用发票 1 张、银行进账单 1 张。)

(15) 7 日，收到利民公司(地址：临江市利民路 16 号；电话：0553－9278992；开户银行：中国工商银行利民路办事处；账号：11－72383；纳税人识别号：91341009305295820B)转账支票 1 张，偿付所欠账款8 000 元；收到博凡公司(地址：临江市弋江路 246 号；电话：0553－5218699；开户银行：中国工商银行弋江路办事处；账号：15－83091；纳税人识别号：91341002571940038R)转账支票 1 张，偿付所欠账款 4 000 元。两笔账款均存入银行。(提示：填制银行进账单 2 张。)

(16) 7 日，销售给博凡公司丙产品 2 000 千克，每千克售价为 3.00 元，计 6 000 元；丁产品 4 000 千克，每千克售价为 3.50 元，计 14 000 元，增值税销项税额为 2 600 元，收到转账支票 1 张，送存银行。(提示：填制增值税专用发票 1 张，银行进账单 1 张。)

(17) 7 日，开出转账支票，偿付华伟材料厂材料款 16 000 元，临江富民材料公司材料款 14 000 元。(提示：填制转账支票 2 张，存根入账。)

(18) 7 日，支付临江日报广告公司广告费。(提示：填制转账支票 1 张，存根入账。)

(19) 8 日，办公室张丽报销差旅费 800 元，余额 200 元交回现金。(提示：填制现金收据 1 张。)

(20) 8 日，生产一车间生产甲产品领用 D 材料 2 千克，每千克成本为 10 元，计 20 元；生产乙产品领用 D 材料 3 千克，每千克成本为 10 元，计 30 元。生产二车间生产丙产品领用 D

材料 10 千克，每千克成本为 10 元，计 100 元；生产丁产品领用 D 材料 10 千克，每千克成本为 10 元，计 100 元。（提示：填制领料单 4 张，一料一单。）

(21) 8 日，向利民公司销售甲产品 2 000 千克，每千克售价为 1.50 元，计 3 000 元；丙产品 2 000 千克，每千克售价为 3.00 元，计 6 000 元，增值税销项税额为 1 170 元，货款尚未收回。（提示：填制增值税专用发票 1 张。）

(22) 8 日，从临江红星材料厂购进 A 材料 10 000 千克，每千克进价为 0.98 元，计 9 800 元；B 材料 10 000 千克，每千克进价为 1.48 元，计 14 800 元。增值税进项税额为 3 198 元。货款尚未支付。

(23) 8 日，向博凡公司销售乙产品 1 500 千克，每千克售价为 1.80 元，计 2 700 元；丁产品 1 500 千克，每千克售价为 3.50 元，计 5 250 元。增值税销项税额为 1 033.50 元。款项尚未收到。（提示：填制增值税专用发票 1 张。）

(24) 8 日，从临江富民材料公司购进 C 材料 20 000 千克，每千克进价为 0.38 元，计 7 600元，增值税进项税额为 988 元，货款尚未支付。

(25) 9 日，开出转账支票 1 张，支付 8 日所购临江红星材料厂 A 材料 10 000 千克、B 材料10 000千克以及所购临江富民材料公司 C 材料 20 000 千克的运费共 800 元，按材料重量比例分摊运费，并予以转账。（提示：填制转账支票 1 张，存根入账；填制材料采购费用分配表 1 张。）

(26) 9 日，上述 A、B、C 三种材料均已验收入库，按材料的实际成本入账。（提示：填制收料单 3 张，一料一单。）

(27) 10 日，向东方商场销售乙产品 2 500 千克，每千克售价为 1.80 元，计 4 500 元；丁产品 1 200 千克，每千克售价为 3.50 元，计 4 200 元。增值税销项税额为 1 131 元。收到转账支票 1 张，送存银行。（提示：填制增值税专用发票 1 张、银行进账单 1 张。）

(28) 10 日，生产一车间生产甲产品领用 C 材料 20 000 千克，每千克成本为 0.40 元，计 8 000 元；领用 A 材料 400 千克，每千克成本为 1.00 元，计 400 元。（提示：填制领料单 2 张，一料一单。）

(29) 10 日，从临江富民材料公司购进 D 材料 5 000 千克，每千克进价为 10 元，计 50 000 元；增值税进项税额为 6 500 元；上述款项以转账支票付讫。材料已由富民材料公司送到，验收入库。（提示：填制转账支票 1 张、收料单 1 张。）

(30) 10 日，生产一车间生产乙产品领用 B 材料 600 千克，每千克成本为 1.50 元，计 900 元；领用 C 材料 5 000 千克，每千克成本为 0.40 元，计 2 000 元。（提示：填制领料单 2 张，一料一单。）

(31) 10 日，开出转账支票 1 张，偿付 8 日所欠临江红星材料厂购货款 27 798 元。（提示：填制转账支票 1 张。）

(32) 11 日，从临江红星材料厂购进 A 材料 20 000 千克，每千克进价为 1.00 元，计 20 000元；B 材料 20 000 千克，每千克进价为 1.50 元，计 30 000 元；增值税进项税额为 6 500 元。上述款项尚未支付。

(33) 11 日，生产二车间生产丙产品领用 B 材料 600 千克，每千克成本为 1.50 元，计 900 元；生产丁产品领用 D 材料 100 千克，每千克成本为 10 元，计 1 000 元。（提示：填制领料单 2 张，一料一单。）

(34) 12 日，采购科李明出差预借旅费 1 500 元，以现金支票付讫。（提示：填制现金支票 1 张，支票存根入账。）

（35）13 日，11 日从红星材料厂购进的 A、B 材料已到达，验收入库，按材料实际成本入账。（提示：填制收料单 2 张，一料一单。）

（36）13 日，生产二车间生产丁产品领用 A 材料 10 000 千克，每千克成本为 1.00 元，计 10 000 元；D 材料 60 千克，每千克成本为 10 元，计 600 元。生产丙产品领用 B 材料 9 000 千克，每千克成本为 1.50 元，计 13 500 元。（提示：填制领料单 3 张，一料一单。）

（37）13 日，支付职工李平生活困难补助金 800 元。（提示：填制现金支票 1 张，存根入账。）

（38）13 日，销售给博凡公司甲产品 800 千克，每千克售价为 1.50 元，计 1 200 元；乙产品 800 千克，每千克售价为 1.80 元，计 1 440 元；丙产品 1 200 千克，每千克售价为 3.00 元，计 3 600 元；丁产品 1 600 千克，每千克售价为 3.50 元，计 5 600 元，增值税销项税额为 1 539.20 元，收到转账支票 1 张，送存银行。（提示：填制增值税专用发票 1 张、银行进账单 1 张。）

（39）14 日，生产一车间从临江市万家商场购买办公用品 500 元，生产二车间从临江市万家商场购买办公用品 400 元，以现金付讫。

（40）14 日，发放工资 21 000 元。（提示：填制现金支票 1 张，存根入账。）

（41）14 日，收到博凡公司 8 日的购货款 8 983.50 元，存入银行。（提示：填制银行进账单 1 张。）

（42）15 日，开出转账支票 1 张，偿付 8 日从富民材料公司购货的款项 8 588 元。（提示：填制转账支票 1 张，存根入账。）

（43）16 日，向博凡公司销售甲产品 2 000 千克，每千克售价为 1.50 元，计 3 000 元；丁产品 1 500 千克，每千克售价为 3.50 元，计 5 250 元。增值税销项税额为 1 072.50 元。收到转账支票 1 张，送存银行。（提示：填制增值税专用发票 1 张、银行进账单 1 张。）

（44）16 日，向东方商场销售乙产品 3 000 千克，每千克售价为 1.80 元，计 5 400 元；丙产品 6 000 千克，每千克售价为 3.00 元，计 18 000 元，增值税销项税额为 3 042 元。货款尚未收到。（提示：填制增值税专用发票 1 张。）

（45）16 日，开出转账支票 1 张，偿付 11 日从临江红星材料厂购货的款项 56 500 元。（提示：填制转账支票 1 张，存根入账。）

（46）16 日，从临江富民材料公司购进 C 材料 40 000 千克，每千克进价为 0.40 元，计 16 000 元；增值税进项税额为 2 080 元。开出转账支票 1 张计 10 000 元，余额下月支付，材料由富民材料公司送到，验收入库。（提示：填制转账支票 1 张，存根入账；填制收料单 1 张。）

（47）18 日，生产一车间生产甲产品领用 C 材料 20 000 千克，每千克成本为 0.40 元，计 8 000 元；生产乙产品领用 C 材料 20 000 千克，每千克成本为 0.40 元，计 8 000 元。（提示：填制领料单 2 张，一料一单。）

（48）18 日，从临江红星材料厂购进 A 材料 16 000 千克，每千克进价为 1.00 元，计 16 000 元；B 材料 4 000 千克，每千克进价为 1.50 元，计 6 000 元；增值税进项税额为 2 860 元。上述款项尚未支付，材料已由红星材料厂送到，验收入库。（提示：填制收料单 2 张。）

（49）19 日，生产一车间生产甲产品领用 A 材料 400 千克，每千克成本为 1.00 元，计 400 元；D 材料 16 千克，每千克成本为 10 元，计 160 元。生产乙产品领用 B 材料 600 千克，每千克成本为 1.50 元，计 900 元；D 材料 16 千克，每千克成本为 10 元，计 160 元。（提示：

填制领料单 4 张，一料一单。)

(50) 20 日，生产二车间生产丙产品领用 A 材料 12 000 千克，每千克成本为 1 元，计 12 000 元；生产丁产品领用 B 材料 4 000 千克，每千克成本为 1.50 元，计 6 000 元。(提示：填制领料单 2 张，一料一单。)

(51) 20 日，向利民公司销售丙产品 1 800 千克，每千克售价为 3.00 元，计 5 400 元；丁产品 2 500 千克，每千克售价为 3.50 元，计 8 750 元。增值税销项税额为 1 839.50 元。收到转账支票 1 张，送存银行。(提示：填制增值税专用发票 1 张、银行进账单 1 张。)

(52) 20 日，收到东方商场转账支票 1 张，偿付 16 日所欠账款 26 442 元，存入银行。(提示：填制银行进账单 1 张。)

(53) 20 日，向博凡公司销售甲产品 5 000 千克，每千克售价为 1.50 元，计 7 500 元；乙产品 3 000 千克，每千克售价为 1.80 元，计 5 400 元；丙产品 2 000 千克，每千克售价为 3.00 元，计 6 000 元；丁产品 1 500 千克，每千克售价为 3.50 元，计 5 250 元。增值税销项税额为 3 139.50 元。款项尚未收到。(提示：填制增值税专用发票 1 张。)

(54) 20 日，生产一车间发放市内交通费 500 元，生产二车间发放市内交通费 600 元，厂部发放市内交通费 200 元，开出现金支票提取现金当即发放。(提示：填制现金支票 1 张、存根入账。)

(55) 21 日，生产二车间生产丙产品领用 A 材料 8 000 千克，每千克成本为 1.00 元，计 8 000 元；B 材料 2 000 千克，每千克成本为 1.50 元，计 3 000 元；D 材料 100 千克，每千克成本为 10 元，计 1 000 元。(提示：填制领料单 3 张，一料一单。)

(56) 24 日，生产二车间生产丁产品领用 A 材料 1 500 千克，每千克成本为 1.00 元，计 1 500 元；B 材料 5 000 千克，每千克成本为 1.50 元，计 7 500 元；D 材料 200 千克，每千克成本为 10 元，计 2 000 元。(提示：填制领料单 3 张，一料一单。)

(57) 24 日，向东方商场销售甲产品 2 500 千克，每千克售价为 1.50 元，计 3 750 元；乙产品 2 200 千克，每千克售价为 1.80 元，计 3 960 元；丙产品 2 000 千克，每千克售价为 3.00 元，计 6 000 元；丁产品 2 500 千克，每千克售价为 3.50 元，计 8 750 元。增值税销项税额为 2 919.80 元。价税合计 25 379.80 元。收到转账支票 1 张，计 20 000 元，余款尚未收回。(提示：填制增值税专用发票 1 张、银行进账单 1 张。)

(58) 24 日，会计部门提取备用金 1 000 元，开出现金支票 1 张。(提示：填制现金支票 1 张，存根入账。)

(59) 25 日，开出转账支票 1 张，向市红十字基金会捐款 2 000 元。(提示：填制转账支票 1 张、存根入账。)

(60) 25 日，收到博凡公司转账支票 1 张，偿付 20 日的购货款 27 289.50 元，送存银行。(提示：填制银行进账单 1 张。)

(61) 26 日，开出转账支票 1 张，偿付 18 日从临江红星材料厂购货的货款 24 860 元。(提示：填制转账支票 1 张，存根入账。)

(62) 26 日，向利民公司销售甲产品 2 000 千克，每千克售价为 1.50 元，计 3 000 元；乙产品 2 000 千克，每千克售价为 1.80 元，计 3 600 元；丙产品 1 000 千克，每千克售价为 3.00 元，计 3 000 元；丁产品 2 000 千克，每千克售价为 3.50 元，计 7 000 元。增值税销项税额为 2 158 元。款项尚未收到。(提示：填制增值税专用发票 1 张。)

(63) 26 日，开出转账支票 2 张，支付电费和水费。电费按电表分配：生产一车间用电

1 600 度，生产二车间用电 2 000 度，厂部用电 600 度；水费按水表分配：生产一车间用水 300 吨，生产二车间用水 350 吨，厂部用水 150 吨。（提示：填制转账支票 2 张，存根入账；填制水电费用分配表 2 张。）

（64）27 日，从临江富民材料公司购进 C 材料 4 000 千克，每千克进价为 0.40 元，计 1 600 元；增值税进项税额为 208 元；上述款项以转账支票付讫。材料已由富民材料公司送到，验收入库。（提示：填制转账支票 1 张，存根入账；填制收料单 1 张。）

（65）28 日，从临江红星材料厂购进 A 材料 6 000 千克，每千克进价为 1.00 元，计 6 000 元；增值税进项税额为 780 元；上述款项尚未支付。材料已于当日由红星材料厂送到，验收入库。（提示：填制收料单 1 张。）

（66）29 日，销售给博凡公司甲产品 8 000 千克，每千克售价为 1.50 元，计 12 000 元；乙产品 8 000 千克，每千克售价为 1.8 元，计 14 400 元；丙产品 6 000 千克，每千克售价为 3.00 元，计 18 000 元；丁产品 6 000 千克，每千克售价为 3.5 元，计 21 000 元。增值税销项税额为 8 502 元。收到转账支票 1 张，共计 73 902 元，送存银行。（提示：填制增值税专用发票 1 张、银行进账单 1 张。）

（67）31 日，分配本月工资费用：

生产一车间生产甲产品工人工资	3 420 元
生产一车间生产乙产品工人工资	4 560 元
生产一车间管理人员工资	570 元
生产二车间生产丙产品工人工资	4 902 元
生产二车间生产丁产品工人工资	5 130 元
生产二车间管理人员工资	570 元
厂部管理人员工资	2 368 元
合计	21 520 元

（提示：填制工资费用分配表 1 张，其中，按产品填写生产工人工资、按车间分别填写车间管理人员工资。）

（68）31 日，盘点现金实存金额为 1 240 元，溢余 10 元，原因无法查明。（提示：填制现金盘点报告表 1 张。）

（69）31 日，计提本月固定资产折旧费 8 050 元，其中生产一车间 2 930 元，生产二车间 4 120 元，厂部 1 000 元。（提示：填制固定资产折旧计提表 1 张。）

（70）31 日，计提本月短期借款利息。（提示：将应付利息计算表 1 张填制完全。）

（71）31 日，将生产一车间本月发生的制造费用按甲产品和乙产品生产工人的工资比例分配。（提示：填制制造费用分配表 1 张。）

（72）31 日，将生产二车间本月发生的制造费用按丙产品和丁产品的生产工人工资比例分配。（提示：填制制造费用分配表 1 张。）

（73）31 日，本月生产甲产品 33 750 千克、乙产品 25 000 千克、丙产品 25 721 千克均全部完工，丁产品完工 18 510 千克（生产成本为直接材料 35 687 元、直接人工 5 100 元，制造费用 3 637 元）。上述产品经检验合格，验收入库。（提示：填制产成品入库单 2 张。）

（74）31 日，计算并结转已销产品的生产成本。（提示：填制销售产品生产成本计算表1 张。）

10

（75）31 日，计算本月应缴的城市维护建设税和教育费附加。（提示：将应交税费计算表填制完全。)

(76) 31 日,结转本月损益。(提示:填制结转利润前收支损益账户余额表。)

六、日新公司 2019 年 7 月份的相关原始凭证(外来原始凭证均已填制,自制原始凭证由学生根据经济业务内容自己填制,见实训材料 10 - 1 - 1～实训材料 10 - 76 - 1)

实训材料 10 - 1 - 1

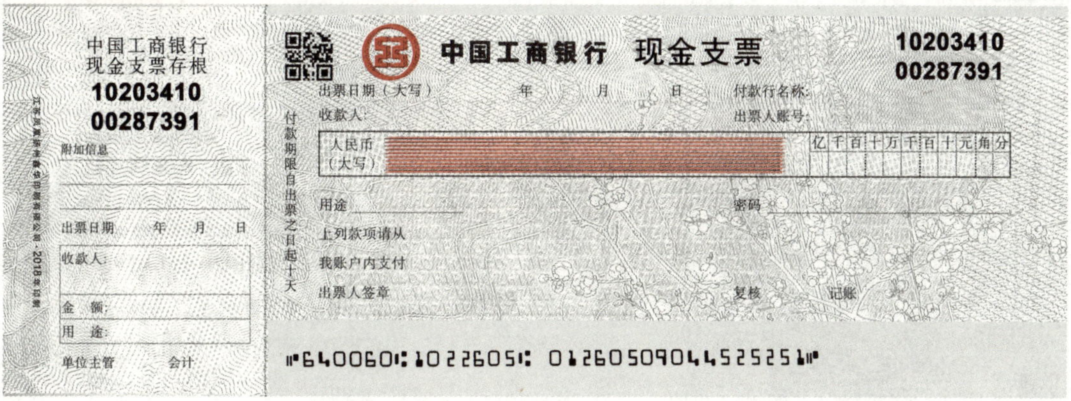
中国工商银行
现金支票存根
10203410
00287391
附加信息
出票日期 年 月 日
收款人:
金 额:
用 途:
单位主管 会计

中国工商银行 现金支票
10203410
00287391
出票日期(大写) 年 月 日 付款行名称:
收款人: 出票人账号:
付款期限自出票之日起十天
人民币
(大写)
亿 千 百 十 万 千 百 十 元 角 分
用途 密码
上列款项请从
我账户内支付
出票人签章 复核 记账

实训材料 10 - 2 - 1

日新公司领料单

领料单位: 年 月 日 ________发料第________号

类别	编号	名称	规格	单位	数量		单价	金额
					请领	实发		
用途					领料部门		发料部门	
					负责人	领料人	核准人	发料人

实训材料 10－2－2

日新公司领料单

领料单位：　　　　　　　　　　　　年　月　日　　　　　　　　　　________发料第________号

类别	编号	名称	规格	单位	数　量		单价	金额
					请领	实发		
用途					领料部门		发料部门	
					负责人	领料人	核准人	发料人

实训材料 10－3－1

日新公司收料单

供货单位：　　　　　　　　　　　　　　　　　　　　　　　　　　　　凭证编号：
发票编号：　　　　　　　　　　　　年　月　日　　　　　　　　　　　收料仓库：

类别	编号	名称	规格	单位	数　量		实　际　成　本			
					应收	实收	单价	金额	运费	合计

主管：　　　　　　　记账：　　　　　　　仓库保管：　　　　　　　经办人：

实训材料 10－4－1

日新公司领料单

领料单位：　　　　　　　　　　　　年　月　日　　　　　　　　　　________发料第________号

类别	编号	名称	规格	单位	数　量		单价	金额
					请领	实发		
用途					领料部门		发料部门	
					负责人	领料人	核准人	发料人

实训材料 10－4－2

日新公司领料单

领料单位：　　　　　　　　　　年　月　日　　　　　　　　　　　发料第　　　　号

类别	编号	名称	规格	单位	数量		单价	金额
					请领	实发		
用途					领料部门		发料部门	
					负责人	领料人	核准人	发料人

实训材料 10－5－1

日新公司借款单

2019年7月2日

借款人姓名	张　丽	部门	办公室
借款金额	（大写）壹仟元整　￥1000.00		
借款理由	出差		
批准人	王　进	归还时间	

实训材料 10－6－1

中国工商银行
转账支票存根
10203420
00286640
附加信息

出票日期　　年　月　日
收款人：
金　额：
用　途：
单位主管　　会计

浙江某印刷有限公司・2018年印制

中国工商银行　转账支票　10203420 00286640

出票日期（大写）　　年　　月　　日　付款行名称：
收款人：　　　　　　　　　　　　　　出票人账号：

付款期限自出票之日起十天

人民币（大写）	亿	千	百	十	万	千	百	十	元	角	分

用途　　　　　　　　密码
上列款项请从　　　　行号
我账户内支付
出票人签章　　　　　复核　　记账

⑈640060⑆102260⑆　012604090245252⑈

实训材料 10－7－1

中国工商银行借款凭证(代回单)

2019年7月5日 编号 6021

转账日期 2019年7月5日 对方科目

借款单位名称	日新公司		贷款账号	05070519	往来账号	26－98098						
借款金额	人民币(大写)壹拾捌万元整				十	万	千	百	十	元	角	分
					1	8	0	0	0	0	0	0
种类	生产周转借款	单位提出期限	自2019年7月5日起至2020年7月4日止							利率	6%	
		银行核定期限	自2019年7月5日起至2020年7月4日止									
上列借款已收入你单位往来户内 此致 单位(银行签章)												

中国工商银行临江市分行 银湖路办事处 2019-07-05 转讫 (6)

实训材料 10－8－1

3400183130 **安徽增值税专用发票** № 00005610

发票联

3400183130 00005610

开票日期：2019年07月05日

购买方	名称：日新公司 纳税人识别号：91341001012412956K 地址、电话：临江市银湖路16号 0553-3268116 开户行及账号：工商银行银湖路办事处 35-47026				密码区	37<2*-1/227<7--0+1299<4*599 <1+2040>0>+6*80<81>+7353580 08349<199-7>3*9/1/*68**0580 1299<4*040>0123456789+-*/<>		
货物或应税劳务、服务名称	规格型号	单位	数量	单价	金额	税率	税额	
*化学原料及制品*A材料		千克	4 000	1.00	4 000.00	13%	520.00	
*化学原料及制品*B材料		千克	8 000	1.50	12 000.00	13%	1 560.00	
合计					¥ 16 000.00		¥ 2 080.00	
价税合计(大写)	⊗壹万捌仟零捌拾元整			(小写)	¥ 18 080.00			
销售方	名称：临江红星材料厂 纳税人识别号：91343001503750861R 地址、电话：临江市银湖路97号 0553-5688989 开户行及账号：工商银行银湖路办事处 32-17519				备注			

收款人： 复核： 开票人：刘建 销售方：(章)

临江红星材料厂 91343001503750861R 发票专用章

第三联：发票联 购买方记账凭证

税总函[2018]248号西安印钞有限公司

实训材料 10－8－2

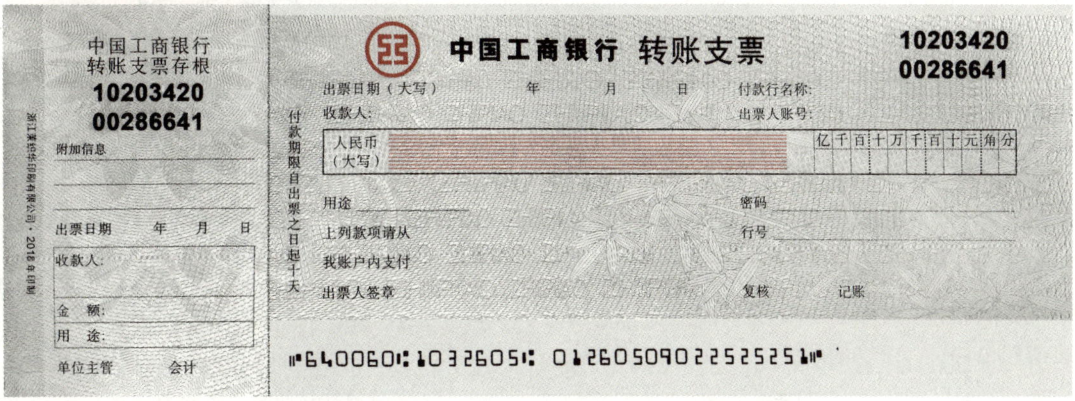

实训材料 10－8－3

日新公司收料单

供货单位： 凭证编号：
发票编号： 年 月 日 收料仓库：

类别	编号	名称	规格	单位	数量		实际成本			
					应收	实收	单价	金额	运费	合计

主管： 记账： 仓库保管： 经办人：

实训材料 10－8－4

日新公司收料单

供货单位： 凭证编号：
发票编号： 年 月 日 收料仓库：

类别	编号	名称	规格	单位	数量		实际成本			
					应收	实收	单价	金额	运费	合计

主管： 记账： 仓库保管： 经办人：

实训材料 10－9－1

3400183130　　**安徽增值税专用发票**　　№ 00753298

发票联　　3400183130　753298

开票日期：2019年07月05日

购买方	
名　　称：	日新公司
纳税人识别号：	91341001012412956K
地 址、电 话：	临江市银湖路16号　0553-3268116
开户行及账号：	工商银行银湖路办事处　35-47026

密码区：
37<2*-1/227<7--0+1299<4*599
<1+2040>0>+6*80<81>+7353580
08349<199-7>3*9/1/*68**0270
1299<4*040>0123456123+-*/<>

货物或应税劳务、服务名称	规格型号	单位	数 量	单 价	金 额	税率	税 额
*化学原料及制品*C材料		千克	8 000	0.40	3 200.00	13%	416.00
合　　计					¥ 3 200.00		¥ 416.00
价税合计（大写）	⊗叁仟陆佰壹拾陆元整				（小写）¥ 3 616.00		

销售方	
名　　称：	临江富民材料公司
纳税人识别号：	91343001347585784F
地 址、电 话：	临江市吉和路127号　0553-5138921
开户行及账号：	工商银行吉和路办事处　13-40928

备注：临江富民材料公司 91343001347585784F 发票专用章

收款人：　　复核：　　开票人：周康　　销售方：（章）

第三联：发票联　购买方记账凭证

税总函[2018]248号西安印钞有限公司

实训材料 10－9－2

中国工商银行
转账支票存根
10203420
00286642

附加信息

出票日期　　年　　月　　日

收款人：

金　额：

用　途：

单位主管　　会计

浙江家熔华印务有限公司・2018年印制

中国工商银行　转账支票　　10203420　00286642

出票日期（大写）　　年　　月　　日　　付款行名称：

收款人：　　出票人账号：

付款期限自出票之日起十天

人民币（大写）	亿	千	百	十	万	千	百	十	元	角	分

用途　　密码

上列款项请从　　行号

我账户内支付

出票人签章　　复核　　记账

⑈640060⑆10226054⑆ 01260509022525241⑈

实训材料 10－10－1

日新公司收料单

供货单位： 凭证编号：

发票编号： 年 月 日 收料仓库：

类别	编号	名称	规格	单位	数 量		实 际 成 本			
					应收	实收	单价	金额	运费	合计

主管： 记账： 仓库保管： 经办人：

实训材料 10－11－1

日新公司领料单

领料单位： 年 月 日 ________发料第________号

类别	编号	名称	规格	单位	数 量		单价	金额
					请领	实发		
用途					领料部门		发料部门	
					负责人	领料人	核准人	发料人

实训材料 10－11－2

日新公司领料单

领料单位： 年 月 日 ________发料第________号

类别	编号	名称	规格	单位	数 量		单价	金额
					请领	实发		
用途					领料部门		发料部门	
					负责人	领料人	核准人	发料人

实训材料 10－12－1

日新公司领料单

领料单位： 年 月 日 ________发料第________号

类别	编号	名称	规格	单位	数量		单价	金额
					请领	实发		
用途					领料部门		发料部门	
					负责人	领料人	核准人	发料人

实训材料 10－12－2

日新公司领料单

领料单位： 年 月 日 ________发料第________号

类别	编号	名称	规格	单位	数量		单价	金额
					请领	实发		
用途					领料部门		发料部门	
					负责人	领料人	核准人	发料人

实训材料 10－13－1

中国工商银行 进账单 （收账通知） 3

年 月 日

出票人	全称		收款人	全称	
	账号			账号	
	开户银行			开户银行	

金额	人民币（大写）	亿	千	百	十	万	千	百	十	元	角	分

票据种类		票据张数		
票据号码				
复核 记账				收款人开户银行签章

此联是收款人开户银行交给收款人的收账通知

实训材料 10－14－1

安徽增值税专用发票

3400183130　　　　No 00634901

全国统一发票监制章 安徽 国家税务总局监制

此联不作报销、扣税凭证使用　　　　开票日期：

012345689789

税总函〔2018〕248号西安印钞有限公司

购买方	名　　称： 纳税人识别号： 地　址、电　话： 开户行及账号：				密码区	（略）		
货物或应税劳务、服务名称	规格型号	单位	数　量	单　价	金　额	税率	税　额	
合　　计								
价税合计（大写）				（小写）				
销售方	名　　称： 纳税人识别号： 地　址、电　话： 开户行及账号：				备注			

收款人：　　　复核：　　　开票人：　　　销售方：（章）

第一联：记账联 销售方记账凭证

实训材料 10－14－2

中国工商银行　进账单　（收账通知）　3

年　月　日

出票人	全　称		收款人	全　称	
	账　号			账　号	
	开户银行			开户银行	
金额	人民币（大写）			亿 千 百 十 万 千 百 十 元 角 分	
票据种类		票据张数			
票据号码					
复核　记账				收款人开户银行签章	

此联是收款人开户银行交给收款人的收账通知

实训材料 10－15－1

中国工商银行　进账单（收账通知）　**3**

年　月　日

<table>
<tr><td rowspan="3">出票人</td><td>全　称</td><td colspan="12"></td><td rowspan="3">收款人</td><td>全　称</td><td colspan="11"></td></tr>
<tr><td>账　号</td><td colspan="12"></td><td>账　号</td><td colspan="11"></td></tr>
<tr><td>开户银行</td><td colspan="12"></td><td>开户银行</td><td colspan="11"></td></tr>
<tr><td rowspan="2">金额</td><td colspan="15" rowspan="2">人民币
（大写）</td><td>亿</td><td>千</td><td>百</td><td>十</td><td>万</td><td>千</td><td>百</td><td>十</td><td>元</td><td>角</td><td>分</td></tr>
<tr><td></td><td></td><td></td><td></td><td></td><td></td><td></td><td></td><td></td><td></td><td></td></tr>
<tr><td colspan="2">票据种类</td><td colspan="4"></td><td colspan="4">票据张数</td><td colspan="4"></td><td colspan="13" rowspan="3">收款人开户银行签章</td></tr>
<tr><td colspan="2">票据号码</td><td colspan="12"></td></tr>
<tr><td colspan="14">复核　　记账</td></tr>
</table>

此联是收款人开户银行交给收款人的收账通知

实训材料 10－15－2

中国工商银行　进账单（收账通知）　**3**

年　月　日

<table>
<tr><td rowspan="3">出票人</td><td>全　称</td><td colspan="12"></td><td rowspan="3">收款人</td><td>全　称</td><td colspan="11"></td></tr>
<tr><td>账　号</td><td colspan="12"></td><td>账　号</td><td colspan="11"></td></tr>
<tr><td>开户银行</td><td colspan="12"></td><td>开户银行</td><td colspan="11"></td></tr>
<tr><td rowspan="2">金额</td><td colspan="15" rowspan="2">人民币
（大写）</td><td>亿</td><td>千</td><td>百</td><td>十</td><td>万</td><td>千</td><td>百</td><td>十</td><td>元</td><td>角</td><td>分</td></tr>
<tr><td></td><td></td><td></td><td></td><td></td><td></td><td></td><td></td><td></td><td></td><td></td></tr>
<tr><td colspan="2">票据种类</td><td colspan="4"></td><td colspan="4">票据张数</td><td colspan="4"></td><td colspan="13" rowspan="3">收款人开户银行签章</td></tr>
<tr><td colspan="2">票据号码</td><td colspan="12"></td></tr>
<tr><td colspan="14">复核　　记账</td></tr>
</table>

此联是收款人开户银行交给收款人的收账通知

实训材料 10－16－1

3400183130　　安徽增值税专用发票　　№ 00634902

此联不作报销、扣税凭证使用　　开票日期：

税总函[2018]248号西安印钞有限公司

购买方	名　称： 纳税人识别号： 地址、电话： 开户行及账号：				密码区	（略）		
货物或应税劳务、服务名称	规格型号	单位	数量	单价	金额	税率	税额	
合计								
价税合计（大写）					（小写）			
销售方	名　称： 纳税人识别号： 地址、电话： 开户行及账号：				备注			

收款人：　　复核：　　开票人：　　销售方：（章）

第一联：记账联　销售方记账凭证

实训材料 10－16－2

中国工商银行　进账单（收账通知）　3

年　月　日

出票人	全　称		收款人	全　称	
	账　号			账　号	
	开户银行			开户银行	

金额	人民币（大写）	亿	千	百	十	万	千	百	十	元	角	分

票据种类		票据张数		
票据号码				
复核　记账				收款人开户银行签章

此联是收款人开户银行交给收款人的收账通知

实训材料 10－17－1

中国工商银行
转账支票存根
10203420
00286643

附加信息

出票日期 年 月 日

收款人：

金 额：

用 途：

单位主管 会计

浙江紫铧华印刷有限公司 · 2018年印制

中国工商银行 转账支票 10203420 00286643

出票日期（大写） 年 月 日 付款行名称：

收款人： 出票人账号：

付款期限自出票之日起十天

人民币（大写）	亿	千	百	十	万	千	百	十	元	角	分

用途 密码

上列款项请从 行号

我账户内支付

出票人签章 复核 记账

⑈640060⑆1022605⑆ 0126750902252525⑈

实训材料 10－17－2

中国工商银行
转账支票存根
10203420
00286644

附加信息

出票日期 年 月 日

收款人：

金 额：

用 途：

单位主管 会计

浙江紫铧华印刷有限公司 · 2018年印制

中国工商银行 转账支票 10203420 00286644

出票日期（大写） 年 月 日 付款行名称：

收款人： 出票人账号：

付款期限自出票之日起十天

人民币（大写）	亿	千	百	十	万	千	百	十	元	角	分

用途 密码

上列款项请从 行号

我账户内支付

出票人签章 复核 记账

⑈640060⑆1022665⑆ 0126050902252525⑈

实训材料 10－18－1

0123456789

税总函〔2018〕248号西安印钞有限公司

3400183130 安徽增值税专用发票 № 02974347

发票联

3400183130
02974347

开票日期：2019年07月07日

购买方	名称：日新公司 纳税人识别号：91341001012412956K 地址、电话：临江市银湖路16号 0553-3268116 开户行及账号：工商银行银湖路办事处 35-47026	密码区	37<2*-1/227<7--0+1299<4*599 <1+2040>0>+6*80<81>+7353581 08349<199-7>3*9/1/*68**0271 1299<4*040>0123456789+-*/<>

货物或应税劳务、服务名称	规格型号	单位	数量	单价	金额	税率	税额
*广告服务*广告服务					1 000.00	6%	60.00
合计					¥ 1 000.00		¥ 60.00
价税合计（大写）	⊗壹仟零陆拾元整				（小写） ¥ 1 060.00		

销售方	名称：临江日报广告公司 纳税人识别号：91343001503921703C 地址、电话：临江市花津南路6号 0553-5842118 开户行及账号：工行城南支行 732004388941020	备注	

收款人： 复核： 开票人：江晶 销售方：（章）

第三联：发票联 购买方记账凭证

（印章：全国统一发票监制章 安徽省国家税务局）

（印章：临江日报广告公司 91343001503921703C 发票专用章）

实训材料 10－18－2

中国工商银行 转账支票存根

10203420
00286645

附加信息

出票日期 年 月 日

收款人:

金 额:

用 途:

单位主管 会计

浙江某织华印刷有限公司·2018年印制

中国工商银行 转账支票

10203420
00286645

出票日期（大写） 年 月 日 付款行名称:

收款人: 出票人账号:

人民币（大写） 亿 千 百 十 万 千 百 十 元 角 分

付款期限自出票之日起十天

用途 密码

上列款项请从 行号

我账户内支付

出票人签章 复核 记账

⑈640060⑆1022605⑆ 01260509013525251⑈

实训材料 10－19－1

日新公司差旅费报销单

报销日期：2019年7月8日

姓 名	张 丽		出差事由	参加行业年会					
起止日期	起止地点	交通工具	交通费	途中补助	住宿费	住勤补助	杂费	合计	单据
7月3日	临江—北京	火车	200.00	10.00				210.00	1
7月4—5日	住 勤				350.00	30.00		380.00	1
7月6日	北京—临江	火车	200.00	10.00				210.00	1
合 计			400.00	20.00	350.00	30.00		800.00	3
合计核销金额(大写)捌佰元整 ￥800.00									

领导批示：请核报 王进 7月8日

实训材料 10－19－2

收 款 收 据

№ 00512056

第三联：记账

年 月 日

今收到＿＿＿＿＿＿＿＿＿＿

人民币＿＿＿＿＿＿＿＿＿＿

系 付＿＿＿＿＿＿＿＿＿＿

单位盖章： 会计： 出纳： 经手人：

实训材料 10－20－1

日新公司领料单

领料单位：　　　　　　　　　　年　月　日　　　　　＿＿＿＿发料第＿＿＿＿号

类别	编号	名称	规格	单位	数　量		单价	金额
					请领	实发		
用途					领料部门		发料部门	
					负责人	领料人	核准人	发料人

实训材料 10－20－2

日新公司领料单

领料单位：　　　　　　　　　　年　月　日　　　　　＿＿＿＿发料第＿＿＿＿号

类别	编号	名称	规格	单位	数　量		单价	金额
					请领	实发		
用途					领料部门		发料部门	
					负责人	领料人	核准人	发料人

实训材料 10－20－3

日新公司领料单

领料单位：　　　　　　　　　　年　月　日　　　　　＿＿＿＿发料第＿＿＿＿号

类别	编号	名称	规格	单位	数　量		单价	金额
					请领	实发		
用途					领料部门		发料部门	
					负责人	领料人	核准人	发料人

实训材料 10－20－4

日新公司领料单

领料单位：　　　　　　　　　　　　年　月　日　　　　　　________发料第________号

类别	编号	名称	规格	单位	数量		单价	金额
					请领	实发		
用途					领料部门		发料部门	
					负责人	领料人	核准人	发料人

实训材料 10－21－1

3400183130　　**安徽增值税专用发票**　　№ 00634903

此联不作报销、扣税凭证使用　　　　开票日期：

购买方	名　　称： 纳税人识别号： 地 址、电 话： 开户行及账号：			密码区	（略）		
货物或应税劳务、服务名称	规格型号	单位	数量	单价	金额	税率	税额
合　　计							
价税合计（大写）					（小写）		
销售方	名　　称： 纳税人识别号： 地 址、电 话： 开户行及账号：			备注			

收款人：　　　　复核：　　　　开票人：　　　　销售方：（章）

第一联：记账联　销售方记账凭证

税总函〔2018〕248号西安印钞有限公司

0123456789

实训材料 10－22－1

安徽增值税专用发票

3400183130　　　　发 票 联　　　　№ 00005631

3400183130
00005631

开票日期：2019年07月08日

购买方	名　　称：日新公司 纳税人识别号：91341001012412956K 地 址、电 话：临江市银湖路16号　0553-3268116 开户行及账号：工商银行银湖路办事处　35-47026	密码区	37<2*-1/437<7--0+1299<4*599 <1+2040>0>+6*80<81>+7353580 08349<199-7>3*9/1/*68**0270 1299<4*040>0123456789+-*/</>

货物或应税劳务、服务名称	规格型号	单位	数量	单价	金额	税率	税额
*化学原料及制品*A材料		千克	10 000	0.98	9 800.00	13%	1 274.00
*化学原料及制品*B材料		千克	10 000	1.48	14 800.00	13%	1 924.00
合　　计					¥ 24 600.00		¥ 3 198.00
价税合计（大写）	⊗贰万柒仟柒佰玖拾捌元整				（小写）	¥ 27 798.00	

销售方	名　　称：临江红星材料厂 纳税人识别号：91343001503750861R 地 址、电 话：临江市银湖路97号　0553-5688989 开户行及账号：工商银行银湖路办事处　32-17519	备注	临江红星材料厂 91343001503750861R 发票专用章

收款人：　　复核：　　开票人：张建　　销售方：（章）

税总函〔2018〕248号西安印钞有限公司　　第三联：发票联　购买方记账凭证

012E3459L89

实训材料 10－23－1

安徽增值税专用发票

3400183130　　　　此联不作报销、扣税凭证使用　　　　№ 00634904

开票日期：

购买方	名　　称： 纳税人识别号： 地 址、电 话： 开户行及账号：	密码区	（略）

货物或应税劳务、服务名称	规格型号	单位	数量	单价	金额	税率	税额
合　　计							
价税合计（大写）					（小写）		

销售方	名　　称： 纳税人识别号： 地 址、电 话： 开户行及账号：	备注	

收款人：　　复核：　　开票人：　　销售方：（章）

税总函〔2018〕248号西安印钞有限公司　　第一联：记账联　销售方记账凭证

012E3459L89

实训材料 10－24－1

安徽增值税专用发票

3400183130 No 00753302

3400183130
00753302

发票联

开票日期：2019年07月08日

购买方	名称：日新公司 纳税人识别号：91341001012412956K 地址、电话：临江市银湖路16号 0553-3268116 开户行及账号：工商银行银湖路办事处 35-47026				密码区	37<2*-1/227<7--0+1299<4*599 <1+2040>0>+6*80<81>+7353581 08349<199-7>3*9/1/*68**0271 1299<4*040>0123456789+-*/<>		
货物或应税劳务、服务名称	规格型号	单位	数量	单价	金额	税率	税额	
*化学原料及制品*C材料		千克	20 000	0.38	7 600.00	13%	988.00	
合计					¥ 7 600.00		¥ 988.00	
价税合计（大写）	⊗捌仟伍佰捌拾捌元整				（小写） ¥ 8 588.00			
销售方	名称：临江富民材料公司 纳税人识别号：91343001347585784F 地址、电话：临江市吉和路127号 0553-5138921 开户行及账号：工商银行吉和路办事处 13-40928				备注			

收款人： 复核： 开票人：周康 销售方：（章）

（印章：临江富民材料公司 91343001347585784F 发票专用章）

税总函[2018]248号西安印钞有限公司

第三联：发票联 购买方记账凭证

实训材料 10－25－1

安徽增值税专用发票

3400183130 No 00634910

发票联

开票日期：2019年07月08日

购买方	名称：日新公司 纳税人识别号：91341001012412956K 地址、电话：临江市银湖路16号 0553-3268116 开户行及账号：工商银行银湖路办事处 35-47026				密码区	37<2*-1/227<7--0+1299<4*599 <1+2040>0>+6*80<81>+7353580 08349<199-7>3*9/1/*68**0270 1299<4*040>0123456789+-*/<>		
货物或应税劳务、服务名称	规格型号	单位	数量	单价	金额	税率	税额	
*运输服务*陆运货物运输服务					800.00	9%	72.00	
合计					¥ 800.00		¥ 72.00	
价税合计（大写）	⊗捌佰柒拾贰元整				（小写） ¥ 872.00			
销售方	名称：临江市速达物流公司 纳税人识别号：91340323769031412S 地址、电话：临江市长江市场园A-1-26 0553-2764357 开户行及账号：工商银行九华北路办事处 21-61343				备注	临江—临江 A材料、B材料、C材料 厢式货车 皖N58924		

收款人： 复核： 开票人：何杰 销售方：（章）

（印章：临江市速达物流公司 91340323769031412S 发票专用章）

税总函[2018]248号西安印钞有限公司

第三联：发票联 购买方记账凭证

实训材料 10-25-2

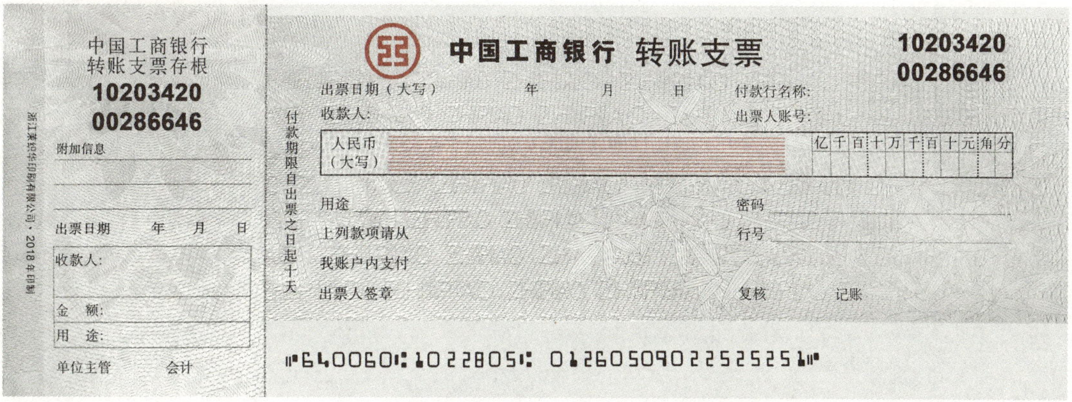

中国工商银行
转账支票存根
10203420
00286646
附加信息

出票日期　年　月　日
收款人：
金　额：
用　途：
单位主管　会计

浙江美织华印刷有限公司·2018年印制

中国工商银行　转账支票　10203420 00286646

出票日期（大写）　年　月　日　付款行名称：
收款人：　出票人账号：

付款期限自出票之日起十天

人民币（大写）	亿	千	百	十	万	千	百	十	元	角	分

用途　密码
上列款项请从　行号
我账户内支付
出票人签章　复核　记账

⑈640060⑆1022805⑆ 012605090225252 5 1⑈

实训材料 10-25-3

材料采购费用分配表

金额单位：元

分配对象	分配标准	分配率	分摊额
合　计			

会计　复核　制表

实训材料 10-26-1

日新公司收料单

供货单位：　凭证编号：
发票编号：　年　月　日　收料仓库：

类别	编号	名称	规格	单位	数量		实际成本			
					应收	实收	单价	金额	运费	合计

主管：　记账：　仓库保管：　经办人：

10

实训材料 10－26－2

日新公司收料单

供货单位： 凭证编号：

发票编号： 年 月 日 收料仓库：

类别	编号	名称	规格	单位	数量		实际成本			
					应收	实收	单价	金额	运费	合计

主管： 记账： 仓库保管： 经办人：

实训材料 10－26－3

日新公司收料单

供货单位： 凭证编号：

发票编号： 年 月 日 收料仓库：

类别	编号	名称	规格	单位	数量		实际成本			
					应收	实收	单价	金额	运费	合计

主管： 记账： 仓库保管： 经办人：

实训材料 10－27－1

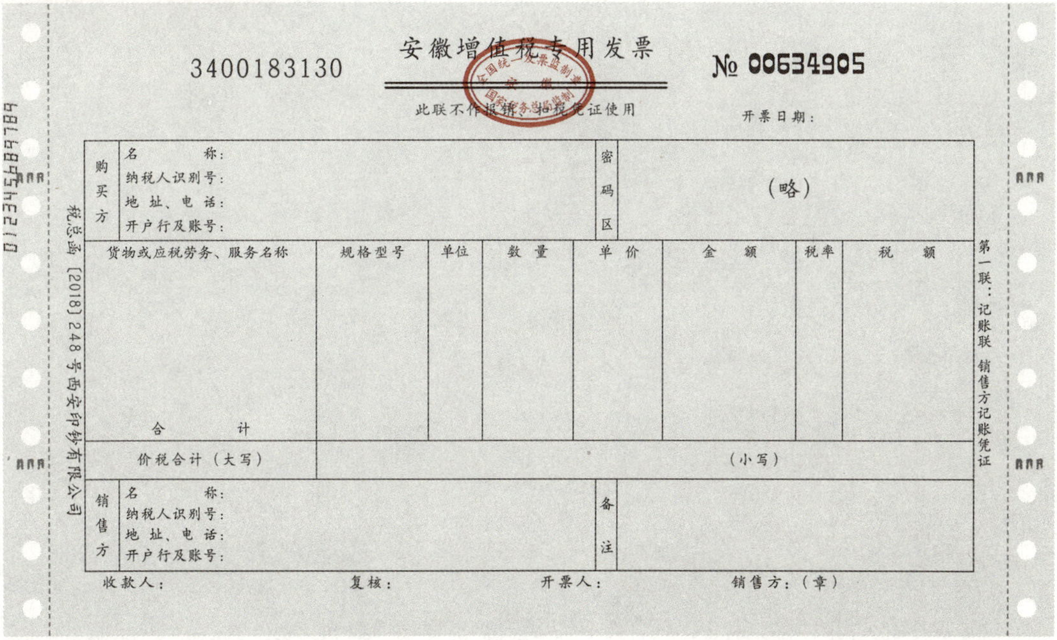
3400183130 安徽增值税专用发票 № 00634905

此联不作报销、扣税凭证使用 开票日期：

购买方	名称： 纳税人识别号： 地址、电话： 开户行及账号：	密码区	（略）

货物或应税劳务、服务名称	规格型号	单位	数量	单价	金额	税率	税额
合计							
价税合计（大写）				（小写）			

销售方	名称： 纳税人识别号： 地址、电话： 开户行及账号：	备注	

收款人： 复核： 开票人： 销售方：（章）

第一联：记账联 销售方记账凭证

税总函〔2018〕248号西安印钞有限公司

实训材料 10－27－2

中国工商银行　进账单　（收账通知）　3

年　月　日

出票人	全　称		收款人	全　称												
	账　号			账　号												
	开户银行			开户银行												
金额	人民币（大写）					亿	千	百	十	万	千	百	十	元	角	分
票据种类		票据张数														
票据号码																
复核　记账				收款人开户银行签章												

此联是收款人开户银行交给收款人的收账通知

实训材料 10－28－1

日新公司领料单

领料单位：　　　　年　月　日　　　　＿＿＿＿发料第＿＿＿＿号

类别	编号	名称	规格	单位	数量		单价	金额
					请领	实发		
用途					领料部门		发料部门	
					负责人	领料人	核准人	发料人

实训材料 10－28－2

日新公司领料单

领料单位：　　　　年　月　日　　　　＿＿＿＿发料第＿＿＿＿号

类别	编号	名称	规格	单位	数量		单价	金额
					请领	实发		
用途					领料部门		发料部门	
					负责人	领料人	核准人	发料人

实训材料 10－29－1

安徽增值税专用发票

3400183130　　　　№ 00753308　　3400183130　00753308

发票联　　　　开票日期：2019年07月10日

购买方	名　称：日新公司 纳税人识别号：91341001012412956K 地址、电话：临江市银湖路16号　0553-3268116 开户行及账号：工商银行银湖路办事处　35-47026				密码区	37<2*-1/227<7--0+1299<4*599 <1+2040>0>+6*80<81>+7353588 08349<199-7>3*9/1/*68**0278 1299<4*040>0123456789+-*/<>		
货物或应税劳务、服务名称	规格型号	单位	数量	单价	金额	税率	税额	
*化学原料及制品*D材料		千克	5 000	10.00	50 000.00	13%	6 500.00	
合　计					¥ 50 000.00		¥ 6 500.00	
价税合计（大写）	⊗伍万陆仟伍佰元整				（小写）¥ 56 500.00			
销售方	名　称：临江富民材料公司 纳税人识别号：91343001347585784F 地址、电话：临江市吉和路127号　0553-5138921 开户行及账号：工商银行吉和路办事处　13-40928				备注	临江富民材料公司 91343001347585784F 发票专用章		

收款人：　　复核：　　开票人：周康　　销售方：（章）

税总函[2018]248号西安印钞有限公司

第三联：发票联　购买方记账凭证

实训材料 10－29－2

中国工商银行　转账支票存根

10203420
00286647

附加信息

出票日期　　年　　月　　日

收款人：

金　额：

用　途：

单位主管　　　会计

浙江某钞华印刷有限公司·2018年印制

中国工商银行　转账支票　　10203420　00286647

出票日期（大写）　　年　　月　　日　　付款行名称：

收款人：　　　　　　　　　　出票人账号：

人民币（大写）	亿	千	百	十	万	千	百	十	元	角	分

付款期限自出票之日起十天

用途　　　　　　　密码

上列款项请从　　　行号

我账户内支付

出票人签章　　　　复核　　记账

⑈640060⑆102260⑆ 012605090233252⑈

实训材料 10－29－3

日新公司收料单

供货单位： 凭证编号：

发票编号： 年 月 日 收料仓库：

类别	编号	名称	规格	单位	数量		实际成本			
					应收	实收	单价	金额	运费	合计

主管： 记账： 仓库保管： 经办人：

实训材料 10－30－1

日新公司领料单

领料单位： 年 月 日 ________发料第________号

类别	编号	名称	规格	单位	数量		单价	金额
					请领	实发		
用途					领料部门		发料部门	
					负责人	领料人	核准人	发料人

实训材料 10－30－2

日新公司领料单

领料单位： 年 月 日 ________发料第________号

类别	编号	名称	规格	单位	数量		单价	金额
					请领	实发		
用途					领料部门		发料部门	
					负责人	领料人	核准人	发料人

实训材料 10－31－1

中国工商银行 转账支票存根

10203420
00286648

附加信息

出票日期 年 月 日

收款人:

金 额:

用 途:

单位主管 会计

中国工商银行 转账支票 10203420 00286648

付款期限自出票之日起十天

出票日期（大写） 年 月 日 付款行名称:

收款人: 出票人账号:

人民币（大写）	亿	千	百	十	万	千	百	十	元	角	分

用途 密码

上列款项请从 行号

我账户内支付

出票人签章 复核 记账

⑈640060⑆102260 5⑆ 0127050902252525⑈

实训材料 10－32－1

安徽增值税专用发票

3400183130 发票联 № 00005648

3400183130
00005648

开票日期: 2019年07月11日

购买方	名 称: 日新公司 纳税人识别号: 91341001012412956K 地 址、电 话: 临江市银湖路16号 0553-3268116 开户行及账号: 工商银行银湖路办事处 35-47026	密码区	37<2*-1/227<7--0+1299<4*599 <1+2040>0>+6*80<81>+7353580 08349<>88-7>3*9/1/*68**0271 1299<4*040>0123456789+-*/<>

货物或应税劳务、服务名称	规格型号	单位	数 量	单 价	金 额	税率	税 额
*化学原料及制品*A材料		千克	20 000	1.00	20 000.00	13%	2 600.00
*化学原料及制品*B材料		千克	20 000	1.50	30 000.00	13%	3 900.00
合 计					¥ 50 000.00		¥ 6 500.00
价税合计（大写）	⊗伍万陆仟伍佰元整				（小写） ¥ 56 500.00		

销售方	名 称: 临江红星材料厂 纳税人识别号: 91343001503750861R 地 址、电 话: 临江市银湖路97号 0553-5688989 开户行及账号: 工商银行银湖路办事处 32-17519	备注	临江红星材料厂 91343001503750861R 发票专用章

收款人: 复核: 开票人: 刘建 销售方:（章）

第三联：发票联 购买方记账凭证

税总函[2018]248号西安印钞有限公司

实训材料 10－33－1

日新公司领料单

领料单位：　　　　　　　　年　月　日　　　　　　发料第＿＿＿＿号

类别	编号	名称	规格	单位	数量		单价	金额
					请领	实发		
用途					领料部门		发料部门	
					负责人	领料人	核准人	发料人

实训材料 10－33－2

日新公司领料单

领料单位：　　　　　　　　年　月　日　　　　　　发料第＿＿＿＿号

类别	编号	名称	规格	单位	数量		单价	金额
					请领	实发		
用途					领料部门		发料部门	
					负责人	领料人	核准人	发料人

实训材料 10－34－1

日新公司借款单

2019年7月12日

借款人姓名	李　明	部门	采购科
借款金额	（大写）壹仟伍佰元整　¥1 500.00		
借款理由	出差		
批准人	王　进	归还时间	

实训材料 10－34－2

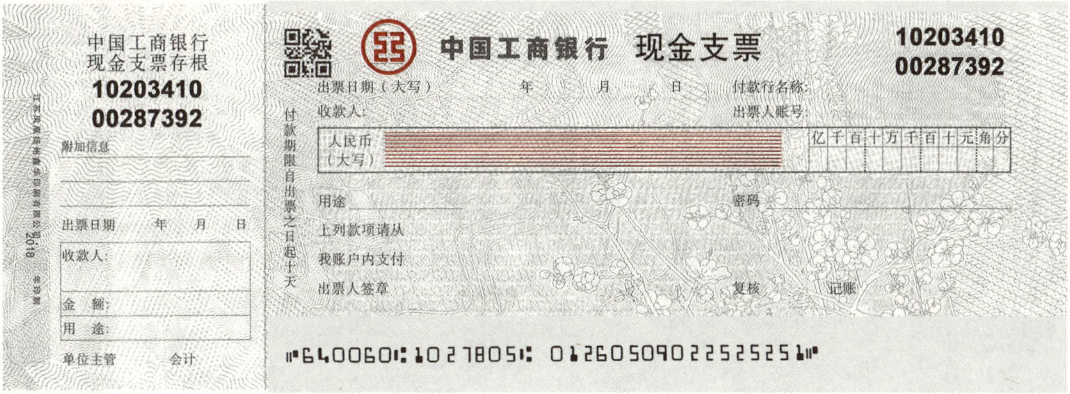
中国工商银行
现金支票存根
10203410
00287392
附加信息
出票日期　年　月　日
收款人：
金　额：
用　途：
单位主管　会计

中国工商银行　现金支票　10203410 00287392
付款期限自出票之日起十天
出票日期（大写）　年　月　日　付款行名称：
收款人：　出票人账号：
人民币（大写）　亿 千 百 十 万 千 百 十 元 角 分
用途　密码
上列款项请从
我账户内支付
出票人签章　复核　记账

实训材料 10－35－1

日新公司收料单

供货单位：　　　　　　　　　　　　　　凭证编号：

发票编号：　　　　　年　月　日　　　　收料仓库：

类别	编号	名称	规格	单位	数量		实际成本			
					应收	实收	单价	金额	运费	合计

主管：　　　　记账：　　　　仓库保管：　　　　经办人：

实训材料 10－35－2

日新公司收料单

供货单位：　　　　　　　　　　　　　　凭证编号：

发票编号：　　　　　年　月　日　　　　收料仓库：

类别	编号	名称	规格	单位	数量		实际成本			
					应收	实收	单价	金额	运费	合计

主管：　　　　记账：　　　　仓库保管：　　　　经办人：

实训材料 10－36－1

日新公司领料单

领料单位：　　　　　　　　　　　　年　月　日　　　　　　　　＿＿＿＿发料第＿＿＿＿号

类别	编号	名称	规格	单位	数量		单价	金额
					请领	实发		
用途					领料部门		发料部门	
					负责人	领料人	核准人	发料人

实训材料 10－36－2

日新公司领料单

领料单位：　　　　　　　　　　　　年　月　日　　　　　　　　＿＿＿＿发料第＿＿＿＿号

类别	编号	名称	规格	单位	数量		单价	金额
					请领	实发		
用途					领料部门		发料部门	
					负责人	领料人	核准人	发料人

实训材料 10－36－3

日新公司领料单

领料单位：　　　　　　　　　　　　年　月　日　　　　　　　　＿＿＿＿发料第＿＿＿＿号

类别	编号	名称	规格	单位	数量		单价	金额
					请领	实发		
用途					领料部门		发料部门	
					负责人	领料人	核准人	发料人

实训材料 10－37－1

中国工商银行
现金支票存根
10203410
00287393

附加信息

出票日期 年 月 日

收款人：

金 额：

用 途：

单位主管 会计

江苏凤凰新华数字印刷有限公司 · 2018年印制

中国工商银行 现金支票 10203410 00287393

出票日期（大写） 年 月 日 付款行名称：

收款人： 出票人账号：

付款期限自出票之日起十天

人民币（大写）	亿	千	百	十	万	千	百	十	元	角	分

用途 密码

上列款项请从

我账户内支付

出票人签章 复核 记账

⑈640060⑆102260⑆ 012605090225252⑈

实训材料 10－37－2

领 条

今收到

生活困难补助金捌佰元整（￥800.00）。

领款人：李平

2019年7月13日

实训材料 10－38－1

安徽增值税专用发票

3400183130 № 00634906

此联不作报销、扣税凭证使用

开票日期：

0123456789

购买方	名 称： 纳税人识别号： 地 址、电 话： 开户行及账号：			密码区	（略）		
货物或应税劳务、服务名称	规格型号	单位	数 量	单 价	金 额	税率	税 额
合 计							
价税合计（大写）					（小写）		
销售方	名 称： 纳税人识别号： 地 址、电 话： 开户行及账号：			备注			

收款人： 复核： 开票人： 销售方：（章）

第一联：记账联 销售方记账凭证

税总函［2018］248号西安印钞有限公司

实训材料 10－38－2

中国工商银行 进账单（收账通知） 3

年 月 日

出票人	全　　称		收款人	全　　称	
	账　　号			账　　号	
	开户银行			开户银行	

金额	人民币（大写）	亿	千	百	十	万	千	百	十	元	角	分

票据种类		票据张数	
票据号码			
复核　　记账			收款人开户银行签章

此联是收款人开户银行交给收款人的收账通知

实训材料 10－39－1

安徽增值税普通发票

3400182320　　　　№ 12345679　　3400182320　12345623

发票联　　　　开票日期：2019年07月14日

税总函 [2018] 248 号西安印钞有限公司

购买方	名　　称：日新公司 纳税人识别号：91341001012412956K 地 址、电 话：临江市银湖路16号　0553-3268116 开户行及账号：工商银行银湖路办事处　35-47026	密码区：37<2*-1/227<7--0+1299<4*599 <1+2040>0>+6*80<81>+7353580 08349<199-7>3*9/1/*68**0270 1299<4*040>0123456789+-*/<>

货物或应税劳务、服务名称	规格型号	单位	数量	单价	金额	税率	税额
*印刷品*用于书写本册					194.17	3%	5.83
*文具*圆珠笔					291.26	3%	8.74
合　　计					¥ 485.43		¥ 14.57
价税合计（大写）	⊗伍佰元整				（小写）	¥ 500.00	

销售方	名　　称：临江市万家商场 纳税人识别号：91341001012367120B 地 址、电 话：临江市文昌路24号　0553-5976661 开户行及账号：工商银行城南办事处　58-17546	备注：（临江市万家商场 91341001012367120B 发票专用章）

收款人：张力　　复核：　　开票人：李湘　　销售方：（章）

第二联：发票联 购买方记账凭证

实训材料 10－39－2

安徽增值税普通发票

3400182320　　　　发票联　　　　№ 12345680

3400182320
12345680

开票日期：2019年07月14日

购买方	名　　称：日新公司 纳税人识别号：91341001012412956K 地 址、电 话：临江市银湖路16号　0553-3268116 开户行及账号：工商银行银湖路办事处　35-47026	密码区	37<2*-1/227<7--0+1299<4*599 <1+2040>0>+6*80<81>+7353580 08349<199-7>3*9/1/*68**0270 1299<4*040>0123456789+-*/<>

货物或应税劳务、服务名称	规格型号	单位	数量	单价	金额	税率	税额
*印刷品*用于书写本册					194.17	3%	5.83
*文具*圆珠笔					194.17	3%	5.83
合　　计					¥ 388.34		¥ 11.66
价税合计（大写）	⊗肆佰元整				（小写）　¥ 400.00		

销售方	名　　称：临江市万家商场 纳税人识别号：91341001012367120B 地 址、电 话：临江市文昌路24号　0553-5976661 开户行及账号：工商银行城南办事处　58-17546	备注	

收款人：张力　　复核：　　开票人：李湘　　销售方：（章）

（印章：临江市万家商场 91341001012367120B 发票专用章）

第二联：发票联　购买方记账凭证

税总函[2018]248号西安印钞有限公司

实训材料 10－40－1

日新公司工资结算明细表

2018年07月14日

姓　名	标准工资	补　贴	实　发　数	签　名
郑　伟	1 500.00	50.00	1 550.00	郑　伟
张　丽	1 550.00	50.00	1 600.00	张　丽
王 新 民	1 450.00	50.00	1 500.00	王 新 民
合　　计	19 000.00	2 000.00	21 000.00	

实训材料 10－40－2

中国工商银行　网上银行电子回单

电子回单号码：0000041231994804436

付款方	户　　名	日新公司	收款人	户　　名	
	账　　号	26－98098		账　　号	
	开 户 行	工商银行东芜路办事处		开 户 行	
币种		人民币	交易渠道		
金额(小写)		21000.00	金额(大写)		贰万壹仟元整
交易时间		2019－07－14　14:58:08	会计日期		201907
附言		发工资			

（印章：中国工商银行 电子回单专用章）

实训材料 10－41－1

中国工商银行　进账单（收账通知）　3

年　月　日

<table>
<tr><td rowspan="3">出票人</td><td>全　　称</td><td></td><td rowspan="3">收款人</td><td>全　　称</td><td colspan="11"></td></tr>
<tr><td>账　　号</td><td></td><td>账　　号</td><td colspan="11"></td></tr>
<tr><td>开户银行</td><td></td><td>开户银行</td><td colspan="11"></td></tr>
<tr><td rowspan="2">金额</td><td colspan="4" rowspan="2">人民币
（大写）</td><td>亿</td><td>千</td><td>百</td><td>十</td><td>万</td><td>千</td><td>百</td><td>十</td><td>元</td><td>角</td><td>分</td></tr>
<tr><td></td><td></td><td></td><td></td><td></td><td></td><td></td><td></td><td></td><td></td><td></td></tr>
<tr><td>票据种类</td><td></td><td>票据张数</td><td></td><td colspan="12" rowspan="3">收款人开户银行签章</td></tr>
<tr><td>票据号码</td><td colspan="3"></td></tr>
<tr><td colspan="4">复核　　记账</td></tr>
</table>

此联是收款人开户银行交给收款人的收账通知

实训材料 10－42－1

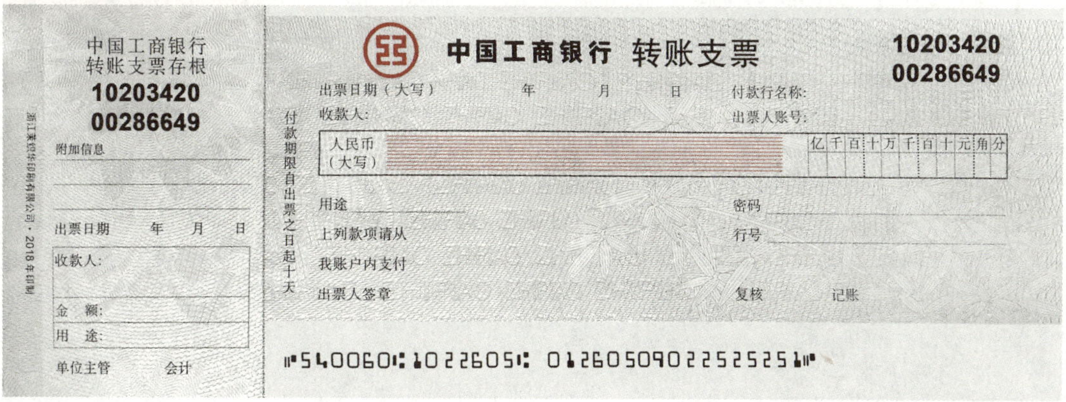
中国工商银行
转账支票存根
10203420
00286649
附加信息
出票日期　年　月　日
收款人：
金　额：
用　途：
单位主管　会计

浙江莱织华印刷有限公司・2018年印制

中国工商银行　转账支票　10203420 00286649
出票日期（大写）　年　月　日　付款行名称：
收款人：　出票人账号：
付款期限自出票之日起十天

人民币（大写）	亿	千	百	十	万	千	百	十	元	角	分

用途　密码
上列款项请从　行号
我账户内支付
出票人签章　复核　记账

540060　1022605　01260509022525251

实训材料 10－43－1

3400183130　　**安徽增值税专用发票**　　№ 00634907

此联不作报销、扣税凭证使用　　开票日期：

购买方	名　　称： 纳税人识别号： 地 址、电 话： 开户行及账号：	密码区	（略）

货物或应税劳务、服务名称	规格型号	单位	数 量	单 价	金 额	税率	税 额
合　　计							
价税合计（大写）					（小写）		

销售方	名　　称： 纳税人识别号： 地 址、电 话： 开户行及账号：	备注	

收款人：　　复核：　　开票人：　　销售方：（章）

税总函〔2018〕248号西安印钞有限公司

第一联：记账联　销售方记账凭证

实训材料 10－43－2　　**中国工商银行　进账单**（收账通知）　3

年　月　日

出票人	全　　称		收款人	全　　称	
	账　　号			账　　号	
	开户银行			开户银行	

金额	人民币（大写）	亿	千	百	十	万	千	百	十	元	角	分

票据种类		票据张数		
票据号码				
复核　记账				收款人开户银行签章

此联是收款人开户银行交给收款人的收账通知

实训材料 10-44-1

3400183130 **安徽增值税专用发票** № 00634908

此联不作报销、扣税凭证使用 开票日期：

购买方	名称： 纳税人识别号： 地址、电话： 开户行及账号：			密码区	（略）		
货物或应税劳务、服务名称	规格型号	单位	数量	单价	金额	税率	税额
合计							
价税合计（大写）					（小写）		
销售方	名称： 纳税人识别号： 地址、电话： 开户行及账号：			备注			

收款人： 复核： 开票人： 销售方：（章）

第一联：记账联 销售方记账凭证

税总函［2018］248号西安印钞有限公司

实训材料 10-45-1

中国工商银行
转账支票存根
10203420
00286650

附加信息

出票日期 年 月 日

收款人：

金额：

用途：

单位主管 会计

浙江某纸华印刷有限公司·2018年印制

中国工商银行 转账支票 10203420 00286650

出票日期（大写） 年 月 日 付款行名称：

收款人： 出票人账号：

付款期限自出票之日起十天

人民币（大写）	亿	千	百	十	万	千	百	十	元	角	分

用途 密码

上列款项请从 行号

我账户内支付

出票人签章 复核 记账

⑈645560⑆102260５⑆ 0126050902252525⑈

实训材料 10－46－1

3400183130 **安徽增值税专用发票** № 00753326

发票联

3400183130
00753326

开票日期：2019年07月16日

购买方	名　　称：日新公司 纳税人识别号：91341001012412956K 地 址、电 话：临江市银湖路16号 0553-3268116 开户行及账号：工商银行银湖路办事处 35-47026	密码区	37<2*-1/227<7--0+1299<4*599 <1+2040>0>+6*80<81>+7353583 08349<199-7>3*9/1/*68**0273 1299<4*040>0123456789+-*/<>

货物或应税劳务、服务名称	规格型号	单位	数量	单价	金额	税率	税额
*化学原料及制品*C材料		千克	40 000	0.40	16 000.00	13%	2 080.00
合　计					¥ 16 000.00		¥ 2 080.00
价税合计（大写）	⊗壹万捌仟零捌拾元整				（小写） ¥ 18 080.00		

销售方	名　　称：临江富民材料公司 纳税人识别号：9143001347585784F 地 址、电 话：临江市吉和路127号 0553-5138921 开户行及账号：工商银行吉和路办事处 13-40928	备注	

收款人：　　复核：　　开票人：周康　　销售方：（章）

临江富民材料公司 9143001347585784F 发票专用章

税总函〔2018〕248号西安印钞有限公司

第三联：发票联 购买方记账凭证

实训材料 10－46－2

中国工商银行
转账支票存根
10203420
00286651

附加信息

出票日期　年　月　日

收款人：

金　额：

用　途：

单位主管　　会计

中国工商银行 转账支票 10203420 00286651

付款期限自出票之日起十天

出票日期（大写）　年　月　日　付款行名称：

收款人：　出票人账号：

人民币（大写）	亿	千	百	十	万	千	百	十	元	角	分

用途　　密码

上列款项请从　　行号

我账户内支付

出票人签章　　复核　　记账

⑈640060⑆1023505⑆ 0126050902252525⑈

实训材料 10－46－3

日新公司收料单

供货单位： 凭证编号：
发票编号： 年 月 日 收料仓库：

类别	编号	名称	规格	单位	数量		实际成本			
					应收	实收	单价	金额	运费	合计

主管： 记账： 仓库保管： 经办人：

实训材料 10－47－1

日新公司领料单

领料单位： 年 月 日 ________发料第________号

类别	编号	名称	规格	单位	数量		单价	金额
					请领	实发		
用途					领料部门		发料部门	
					负责人	领料人	核准人	发料人

实训材料 10－47－2

日新公司领料单

领料单位： 年 月 日 ________发料第________号

类别	编号	名称	规格	单位	数量		单价	金额
					请领	实发		
用途					领料部门		发料部门	
					负责人	领料人	核准人	发料人

实训材料 10－48－1

3400183130　　安徽增值税专用发票　　№ 00005663

发票联

3400183130
00005663

开票日期：2019年07月18日

购买方	名　　称：日新公司 纳税人识别号：91341001012412956K 地 址、电 话：临江市银湖路16号　0553-3268116 开户行及账号：工商银行银湖路办事处　35-47026	密码区	37<2*-1/227<7--0+1299<4*599 <1+2040>0>+6*80<81>+7353660 08349<199-7>3*9/1/*68**0270 1299<4*040>0123456789+-*/<>

货物或应税劳务、服务名称	规格型号	单位	数量	单价	金额	税率	税额
*化学原料及制品*A材料		千克	16 000	1.00	16 000.00	13%	2 080.00
*化学原料及制品*B材料		千克	4 000	1.50	6 000.00	13%	780.00
合　　计					¥ 22 000.00		¥ 2 860.00
价税合计（大写）	⊗ 贰万肆仟捌佰陆拾元整				（小写） ¥ 24 860.00		

销售方	名　　称：临江红星材料厂 纳税人识别号：91343001503750861R 地 址、电 话：临江市银湖路97号　0553-5688989 开户行及账号：工商银行银湖路办事处　32-17519	备注	

收款人：　　复核：　　开票人：刘建　　销售方：（章）

临江红星材料厂 91343001503750861R 发票专用章

第三联：发票联　购买方记账凭证

税总函[2018]248号西安印钞有限公司

实训材料 10－48－2

日新公司收料单

供货单位：　　　　凭证编号：

发票编号：　　年　月　日　　收料仓库：

类别	编号	名称	规格	单位	数量		实际成本			
					应收	实收	单价	金额	运费	合计

主管：　　记账：　　仓库保管：　　经办人：

实训材料 10－48－3

日新公司收料单

供货单位：　　　　　　　　　　　　　　　　　　　　凭证编号：
发票编号：　　　　　　　　年　月　日　　　　　　　收料仓库：

类别	编号	名称	规格	单位	数量		实际成本			
					应收	实收	单价	金额	运费	合计

主管：　　　　　记账：　　　　　仓库保管：　　　　　经办人：

实训材料 10－49－1

日新公司领料单

领料单位：　　　　　　　　年　月　日　　　　　＿＿＿＿发料第＿＿＿＿号

类别	编号	名称	规格	单位	数量		单价	金额
					请领	实发		
用途					领料部门		发料部门	
					负责人	领料人	核准人	发料人

实训材料 10－49－2

日新公司领料单

领料单位：　　　　　　　　年　月　日　　　　　＿＿＿＿发料第＿＿＿＿号

类别	编号	名称	规格	单位	数量		单价	金额
					请领	实发		
用途					领料部门		发料部门	
					负责人	领料人	核准人	发料人

实训材料 10－49－3

日新公司领料单

领料单位： 年 月 日 ________发料第________号

类别	编号	名称	规格	单位	数量		单价	金额
					请领	实发		
用途					领料部门		发料部门	
					负责人	领料人	核准人	发料人

实训材料 10－49－4

日新公司领料单

领料单位： 年 月 日 ________发料第________号

类别	编号	名称	规格	单位	数量		单价	金额
					请领	实发		
用途					领料部门		发料部门	
					负责人	领料人	核准人	发料人

实训材料 10－50－1

日新公司领料单

领料单位： 年 月 日 ________发料第________号

类别	编号	名称	规格	单位	数量		单价	金额
					请领	实发		
用途					领料部门		发料部门	
					负责人	领料人	核准人	发料人

实训材料 10－50－2

日新公司领料单

领料单位：　　　　　　　　　　　年　月　日　　　　　　　　　　发料第＿＿＿＿号

类别	编号	名称	规格	单位	数量		单价	金额
					请领	实发		
用途					领料部门		发料部门	
					负责人	领料人	核准人	发料人

实训材料 10－51－1

3400183130　　**安徽增值税专用发票**　　№ 00634909

此联不作报销、扣税凭证使用　　　　开票日期：

购买方	名　称： 纳税人识别号： 地 址、电 话： 开户行及账号：				密码区	（略）		
货物或应税劳务、服务名称	规格型号	单位	数量	单价	金额	税率	税额	
合　计								
价税合计（大写）					（小写）			
销售方	名　称： 纳税人识别号： 地 址、电 话： 开户行及账号：				备注			

收款人：　　　　复核：　　　　开票人：　　　　销售方：（章）

税总函〔2018〕248号西安印钞有限公司

第一联：记账联　销售方记账凭证

实训材料 10－51－2

中国工商银行 进账单 （收账通知） 3

年 月 日

出票人	全称		收款人	全称														
	账号			账号														
	开户银行			开户银行														
金额	人民币（大写）							亿	千	百	十	万	千	百	十	元	角	分
票据种类		票据张数																
票据号码																		
复核 记账				收款人开户银行签章														

此联是收款人开户银行交给收款人的收账通知

实训材料 10－52－1

中国工商银行 进账单 （收账通知） 3

年 月 日

出票人	全称		收款人	全称														
	账号			账号														
	开户银行			开户银行														
金额	人民币（大写）							亿	千	百	十	万	千	百	十	元	角	分
票据种类		票据张数																
票据号码																		
复核 记账				收款人开户银行签章														

此联是收款人开户银行交给收款人的收账通知

实训材料 10-53-1

安徽增值税专用发票

3400183130 № 00634910

此联不作报销、扣税凭证使用

开票日期：

购买方	名称： 纳税人识别号： 地址、电话： 开户行及账号：	密码区	（略）				
货物或应税劳务、服务名称	规格型号	单位	数量	单价	金额	税率	税额
合计							
价税合计（大写）					（小写）		
销售方	名称： 纳税人识别号： 地址、电话： 开户行及账号：	备注					

收款人： 复核： 开票人： 销售方：（章）

第一联：记账联 销售方记账凭证

税总函〔2018〕248号西安印钞有限公司

实训材料 10-54-1

日新公司7月份交通费发放表

2019年7月20日

部门	金额	领款人签名	审核意见
一车间	500	王海	同意 王进 2019.7.20
二车间	600	张洪	
厂部	200	李明	
合计	1 300		

实训材料 10-54-2

中国工商银行
现金支票存根
10203410
00287395

附加信息

出票日期 年 月 日

收款人：

金额：

用途：

单位主管 会计

中国工商银行 现金支票 10203410 00287395

出票日期（大写） 年 月 日 付款行名称：

收款人： 出票人账号：

人民币（大写）	亿	千	百	十	万	千	百	十	元	角	分

付款期限自出票之日起十天

用途 密码

上列款项请从

我账户内支付

出票人签章 复核 记账

⑈640060⑆103605⑆ 0126050902252525⑈

实训材料 10－55－1

日新公司领料单

领料单位： 年 月 日 ______发料第______号

类别	编号	名称	规格	单位	数量		单价	金额
					请领	实发		
用途					领料部门		发料部门	
					负责人	领料人	核准人	发料人

实训材料 10－55－2

日新公司领料单

领料单位： 年 月 日 ______发料第______号

类别	编号	名称	规格	单位	数量		单价	金额
					请领	实发		
用途					领料部门		发料部门	
					负责人	领料人	核准人	发料人

实训材料 10－55－3

日新公司领料单

领料单位： 年 月 日 ______发料第______号

类别	编号	名称	规格	单位	数量		单价	金额
					请领	实发		
用途					领料部门		发料部门	
					负责人	领料人	核准人	发料人

实训材料 10－56－1

日新公司领料单

领料单位：　　　　　　　　　　　　年　月　日　　　　　　　　＿＿＿＿发料第＿＿＿＿号

类别	编号	名称	规格	单位	数　量		单价	金额
					请领	实发		
用途					领料部门		发料部门	
					负责人	领料人	核准人	发料人

实训材料 10－56－2

日新公司领料单

领料单位：　　　　　　　　　　　　年　月　日　　　　　　　　＿＿＿＿发料第＿＿＿＿号

类别	编号	名称	规格	单位	数　量		单价	金额
					请领	实发		
用途					领料部门		发料部门	
					负责人	领料人	核准人	发料人

实训材料 10－56－3

日新公司领料单

领料单位：　　　　　　　　　　　　年　月　日　　　　　　　　＿＿＿＿发料第＿＿＿＿号

类别	编号	名称	规格	单位	数　量		单价	金额
					请领	实发		
用途					领料部门		发料部门	
					负责人	领料人	核准人	发料人

实训材料 10－57－1

3400183130　　**安徽增值税专用发票**　　№ 00634911

此联不作报销、扣税凭证使用　　　开票日期：

购买方	名　　称： 纳税人识别号： 地 址、电 话： 开户行及账号：				密码区	（略）	
货物或应税劳务、服务名称	规格型号	单位	数　量	单　价	金　额	税率	税　额
合　　计							
价税合计（大写）					（小写）		
销售方	名　　称： 纳税人识别号： 地 址、电 话： 开户行及账号：				备注		

收款人：　　　　复核：　　　　开票人：　　　　销售方：（章）

税总函[2018]248号西安印钞有限公司

第一联：记账联　销售方记账凭证

0123456789

实训材料 10－57－2

中国工商银行　进账单（收账通知）**3**

年　月　日

出票人	全　称		收款人	全　称	
	账　号			账　号	
	开户银行			开户银行	

		亿	千	百	十	万	千	百	十	元	角	分
金额	人民币（大写）											

票据种类		票据张数		
票据号码				
复核　记账				收款人开户银行签章

此联是收款人开户银行交给收款人的收账通知

实训材料 10－58－1

中国工商银行
现金支票存根
10203410
00287396

附加信息

出票日期 年 月 日

收款人:

金 额:

用 途:

单位主管 会计

江苏凤凰税务票证印刷有限公司·2018年印制

中国工商银行 现金支票 10203410 00287396

出票日期（大写） 年 月 日 付款行名称:

收款人: 出票人账号:

付款期限自出票之日起十天

人民币（大写）	亿	千	百	十	万	千	百	十	元	角	分

用途 密码

上列款项请从

我账户内支付

出票人签章 复核 记账

⑈640060⑆102260⑸⑆ 012607190225252⑸⑈

实训材料 10－59－1

中国工商银行
转账支票存根
10203420
00286652

附加信息

出票日期 年 月 日

收款人:

金 额:

用 途:

单位主管 会计

浙江吴兴税务印刷有限公司·2018年印制

中国工商银行 转账支票 10203420 00286652

出票日期（大写） 年 月 日 付款行名称:

收款人: 出票人账号:

付款期限自出票之日起十天

人民币（大写）	亿	千	百	十	万	千	百	十	元	角	分

用途 密码

上列款项请从 行号

我账户内支付

出票人签章 复核 记账

⑈640060⑆102260⑸⑆ 112605090225252⑸⑈

实训材料 10－59－2

安徽省民间组织专用收据

（财政票据监制章 安徽省 财政部监制）

2019年1月25日

№ 51013398

交款单位(或个人)：日新公司　　支付方式：转账

收入项目	标准	十	万	千	百	十	元	角	分
1. 会费									
2. 捐赠、资助				2	0	0	0	0	0
3. 代收代办收款									
合　计			¥	2	0	0	0	0	0
人民币大写：贰仟元整									

（金额）

第二联 收据联

单位(公章)：（安徽临江红十字基金会 财务专用章）　经办人：卢苹　负责人：

实训材料 10－60－1

中国工商银行 进账单（收账通知） **3**

年 月 日

<table>
<tr><td rowspan="3">出票人</td><td>全　　称</td><td></td><td rowspan="3">收款人</td><td>全　　称</td><td colspan="11"></td></tr>
<tr><td>账　　号</td><td></td><td>账　　号</td><td colspan="11"></td></tr>
<tr><td>开户银行</td><td></td><td>开户银行</td><td colspan="11"></td></tr>
<tr><td rowspan="2">金额</td><td colspan="4" rowspan="2">人民币
（大写）</td><td>亿</td><td>千</td><td>百</td><td>十</td><td>万</td><td>千</td><td>百</td><td>十</td><td>元</td><td>角</td><td>分</td></tr>
<tr><td></td><td></td><td></td><td></td><td></td><td></td><td></td><td></td><td></td><td></td><td></td></tr>
<tr><td>票据种类</td><td></td><td>票据张数</td><td></td><td colspan="12" rowspan="3">收款人开户银行签章</td></tr>
<tr><td>票据号码</td><td colspan="3"></td></tr>
<tr><td colspan="4">复核　　记账</td></tr>
</table>

此联是收款人开户银行交给收款人的收账通知

实训材料 10－61－1

中国工商银行
转账支票存根
10203420
00286653

附加信息

出票日期 年 月 日

收款人:

金 额:

用 途:

单位主管 会计

浙江某某印刷有限公司·2018年印制

中国工商银行 转账支票 10203420 00286653

付款期限自出票之日起十天

出票日期（大写） 年 月 日 付款行名称:

收款人: 出票人账号:

人民币（大写）	亿	千	百	十	万	千	百	十	元	角	分

用途 密码

上列款项请从 行号

我账户内支付

出票人签章 复核 记账

⑈640060⑆10212051⑆ 012605090225252 51⑈

实训材料 10－62－1

3400183130　　安徽增值税专用发票　　№ 00634912

此联不作报销、扣税凭证使用　　开票日期：

购买方	名　　称： 纳税人识别号： 地址、电话： 开户行及账号：				密码区	（略）		
货物或应税劳务、服务名称	规格型号	单位	数量	单价	金额	税率	税额	
合　　计								
价税合计（大写）					（小写）			
销售方	名　　称： 纳税人识别号： 地址、电话： 开户行及账号：				备注			

收款人：　　复核：　　开票人：　　销售方：（章）

第一联：记账联　销售方记账凭证

税总函〔2018〕248号西安印钞有限公司

实训材料 10－63－1

3400183130　　安徽增值税专用发票　　№ 02527081

发票联　　3400183130 02527081

开票日期：2019年07月25日

购买方	名　　称：日新公司 纳税人识别号：91341001012412956K 地址、电话：临江市银湖路16号　0553-3268116 开户行及账号：工商银行银湖路办事处　35-47026				密码区	37<2*-1/227<7--0+1299<4*591 <1+2040>0>+6*80<81>+7353580 08349<199-7>3*9/1/*68**0170 1299<4*040>0123456789+-*/<>		
货物或应税劳务、服务名称	规格型号	单位	数量	单价	金额	税率	税额	
*供电*售电		度	4 200	0.50	2 100.00	13%	273.00	
合　　计					¥ 2 100.00		¥ 273.00	
价税合计（大写）	⊗贰仟叁佰柒拾叁元整				（小写）¥ 2 373.00			
销售方	名　　称：临江明远供电公司 纳税人识别号：91343001503413980Q 地址、电话：临江市中山路16号　0553-3811506 开户行及账号：工行市营业部　732004891002810				备注	临江明远供电公司 91343001503413980Q 发票专用章		

收款人：　　复核：　　开票人：朱丹　　销售方：（章）

第三联：发票联　购买方记账凭证

税总函〔2018〕248号西安印钞有限公司

实训材料 10－63－2

安徽增值税专用发票

3400183130　　发票联　　№ 02526070

3400183130
02526070
开票日期：2019年07月25日

（印章：全国统一发票监制章 安徽 国家税务总局监制）

购买方	
名称	日新公司
纳税人识别号	91341001012412956K
地址、电话	临江市银湖路16号 0553-3268116
开户行及账号	工商银行银湖路办事处 35-47026

密码区：
37<2*-1/227<7--0+1299<4*599
<1+2040>0>+6*80<81>+7353580
08349<199-7>3*9/1/*68**0270
1299<4*040>0123456789+-*/<>

货物或应税劳务、服务名称	规格型号	单位	数量	单价	金额	税率	税额
*水冰雪*自来水			800	1.00	800.00	9%	72.00
合计					¥ 872.00		¥ 72.00
价税合计（大写）	⊗玖佰零肆元整				（小写） ¥ 904.00		

销售方	
名称	临江华衍供水公司
纳税人识别号	91340206209812463S
地址、电话	临江市黄山路29号 0553-3856529
开户行及账号	工行市营业部 732003820097183

备注：（印章：临江华衍供水公司 91340206209812463S 发票专用章）

收款人：　　复核：　　开票人：何海丽　　销售方：（章）

第三联：发票联 购买方记账凭证

税总函〔2018〕248号西安印钞有限公司

0123456789

实训材料 10－63－3

中国工商银行 转账支票存根
10203420
00286654
附加信息
出票日期　年　月　日
收款人：
金额：
用途：
单位主管　会计

中国工商银行 转账支票　10203420 00286654

出票日期（大写）　年　月　日　付款行名称：
收款人：　出票人账号：
人民币（大写）　亿 千 百 十 万 千 百 十 元 角 分
用途　密码
上列款项请从　行号
我账户内支付
出票人签章　复核　记账

付款期限自出票之日起十天

⑈640060⑆1012605⑆ 0126050901252525⑈

浙江省某印刷有限公司·2018年印制

实训材料 10－63－4

中国工商银行 转账支票存根
10203420
00286655
附加信息
出票日期　年　月　日
收款人：
金额：
用途：
单位主管　会计

中国工商银行 转账支票　10203420 00286655

出票日期（大写）　年　月　日　付款行名称：
收款人：　出票人账号：
人民币（大写）　亿 千 百 十 万 千 百 十 元 角 分
用途　密码
上列款项请从　行号
我账户内支付
出票人签章　复核　记账

付款期限自出票之日起十天

⑈640060⑆1032605⑆ 0126050902352525⑈

浙江省某印刷有限公司·2018年印制

10

实训材料 10－63－5

日新公司电费分配表

金额单位：元

分配对象	分配标准	分配率	分摊额
合计			

会计　　复核　　制表

实训材料 10－63－6

日新公司水费分配表

金额单位：元

分配对象	分配标准	分配率	分摊额
合计			

会计　　复核　　制表

实训材料 10－64－1

安徽增值税专用发票

3400183130　　发票联　　№ 00753334　　3400183130　00753334

开票日期：2019年07月10日

购买方　名称：日新公司
纳税人识别号：91341001012412956K
地址、电话：临江市银湖路16号 0553-3268116
开户行及账号：工商银行银湖路办事处 35-47026

密码区：37<2*-1/227<7--0+1299<4*599
<1+2040>0>+6*80<81>+7353580
08349<199-7>3*9/1/*68**0270
1299<4*040>0123336789+-*/<>

货物或应税劳务、服务名称	规格型号	单位	数量	单价	金额	税率	税额
*化学原料及制品*C材料		千克	4 000	0.40	1 600.00	13%	208.00
合计					¥ 1 600.00		¥ 208.00
价税合计（大写）	⊗壹仟捌佰零捌元整				（小写） ¥ 1 808.00		

销售方　名称：临江富民材料公司
纳税人识别号：913430013475857 84F
地址、电话：临江市吉和路127号 0553-5138921
开户行及账号：工商银行吉和路办事处 13-40928

备注

收款人：　　复核：　　开票人：周康　　销售方：（章）

临江富民材料公司 91343001347585784F 发票专用章

第三联：发票联 购买方记账凭证

税总函［2018］248号西安印钞有限公司

实训材料 10－64－2

中国工商银行
转账支票存根
10203420
00286656

附加信息

出票日期 年 月 日

收款人:	
金 额:	
用 途:	

单位主管 会计

浙江莱织华印刷有限公司·2018年印制

中国工商银行 转账支票

10203420
00286656

付款期限自出票之日起十天

出票日期（大写） 年 月 日 付款行名称:

收款人: 出票人账号:

人民币（大写）	亿	千	百	十	万	千	百	十	元	角	分

用途 密码

上列款项请从 行号

我账户内支付

出票人签章 复核 记账

640161: 1022605: 01260509022525251

实训材料 10－64－3

日新公司收料单

供货单位： 凭证编号：

发票编号： 年 月 日 收料仓库：

类别	编号	名称	规格	单位	数量		实际成本			
					应收	实收	单价	金额	运费	合计

主管： 记账： 仓库保管： 经办人：

实训材料 10－65－1

3400183130　　**安徽增值税专用发票**　　№ 00005668

发　票　联　　　　3400183130　00005668

开票日期：2019年07月28日

购买方	名　　称：日新公司 纳税人识别号：91341001012412956K 地 址、电 话：临江市银湖路16号　0553-3268116 开户行及账号：工商银行银湖路办事处　35-47026	密码区	37<2*-1/227<7--0+1299<4*597 <1+2040>0>+6*80<81>+7353570 08349<199-7>3*9/1/*68**0270 1299<4*040>0123456789+-*/<>

货物或应税劳务、服务名称	规格型号	单位	数量	单价	金额	税率	税额
*化学原料及制品*A材料		千克	6 000	1.00	6 000.00	13%	780.00
合　　计					¥ 6 000.00		¥ 780.00
价税合计（大写）	⊗ 陆仟柒佰捌拾元整				（小写）¥ 6 780.00		

销售方	名　　称：临江红星材料厂 纳税人识别号：91343001503750861R 地 址、电 话：临江市银湖路97号　0553-5688989 开户行及账号：工商银行银湖路办事处　32-17519	备注	临江红星材料厂 91343001503750861R 发票专用章

收款人：　　复核：　　开票人：刘建　　销售方：（章）

第三联：发票联　购买方记账凭证

税总函[2018]248号西安印钞有限公司

实训材料 10－65－2

日新公司收料单

供货单位：　　　　　　　　凭证编号：

发票编号：　　　　年　月　日　　　　收料仓库：

类别	编号	名称	规格	单位	数量		实际成本			
					应收	实收	单价	金额	运费	合计

主管：　　记账：　　仓库保管：　　经办人：

实训材料 10－66－1

3400183130　　**安徽增值税专用发票**　　№ 00634913

此联不作报销、扣税凭证使用　　　　开票日期：

税总函〔2018〕248号西安印钞有限公司

购买方	名　　称： 纳税人识别号： 地 址、电 话： 开户行及账号：				密码区	（略）		
货物或应税劳务、服务名称	规格型号	单位	数　量	单　价	金　额	税率	税　额	
合　计								
价税合计（大写）					（小写）			
销售方	名　　称： 纳税人识别号： 地 址、电 话： 开户行及账号：				备注			

收款人：　　复核：　　开票人：　　销售方：（章）

第一联：记账联　销售方记账凭证

实训材料 10－66－2

中国工商银行　进账单（收账通知）　3

年　月　日

出票人	全　称		收款人	全　称	
	账　号			账　号	
	开户银行			开户银行	
金额	人民币（大写）			亿 千 百 十 万 千 百 十 元 角 分	
票据种类		票据张数			
票据号码					
复核　记账				收款人开户银行签章	

此联是收款人开户银行交给收款人的收账通知

实训材料 10－67－1

日新公司工资费用分配表

年　月　日　　　　单位：元

应借科目		工资总额
合计		

会计　　　　复核　　　　制表

实训材料 10－68－1

日新公司现金盘点报告表

年　月　日　　　　单位：元

币别	实存金额	账存金额	对比结果		备注
			盘盈	盘亏	

盘点人：　　　　出纳员：

实训材料 10－69－1

日新公司固定资产折旧计提表

年　月　日　　　　单位：元

部门	应借科目	金额
合计		

会计　　　　复核　　　　制表

实训材料 10－70－1

日新公司应付利息计算表

年 月 日 金额单位：元

银行借款金额	月 利 率	应付利息
79 600.00	0.45%	
180 000.00	0.5%	
合 计		

会计 复核 制表

实训材料 10－71－1

日新公司制造费用分配表

金额单位：元

分配对象	分配标准	分配率	分摊额
合 计			

会计 复核 制表

实训材料 10－72－1

日新公司制造费用分配表

金额单位：元

分配对象	分配标准	分配率	分摊额
合 计			

会计 复核 制表

实训材料 10－73－1

日新公司产成品入库单

年　月　日

编　号	名　称	单　位	数　量	单位成本	金　额
合　计					

第三联会计记账

保管员　　　　制表

实训材料 10－73－2

日新公司产成品入库单

年　月　日

编　号	名　称	单　位	数　量	单位成本	金　额
合　计					

第三联会计记账

保管员　　　　制表

实训材料 10－74－1

日新公司销售产品生产成本计算表

年　月　日　　　　金额单位：元

产品名称	销售数量	单位生产成本	金　额
合　计			

第三联会计记账

会计　　　　复核　　　　制表

实训材料 10－75－1

应交税费计算表

年 月 日至 年 月 日 金额单位：元

项 目	计税金额	适用税率	税 额	备 注
城市维护建设税		7%		
教育费附加		3%		
合 计				

会计主管： 复核： 制表：

实训材料 10－76－1

结转利润前收支损益账户余额表

2019 年 7 月 31 日 单位：元

收入类科目		支出类科目	
项 目	金 额	项 目	金 额
主营业务收入		主营业务成本	
其他业务收入		税金及附加	
投资收益		其他业务成本	
营业外收入		销售费用	
公允价值变动损益		管理费用	
		财务费用	
		资产减值损失	
		营业外支出	
合 计		合 计	

【实训要求】

根据实训资料建账、编制凭证、登记账簿、编制会计报表、整理装订会计资料。

【实训指引】

1. 根据实训资料(四)的期初建账资料1,开设总分类账户,并登记期初余额。

2. 根据实训资料(四)的期初建账资料2,开设现金日记账、银行存款日记账和各明细账,并登记期初余额。

3. 根据实训资料(五)填制自制原始凭证。

4. 根据原始凭证,填制记账凭证。

5. 根据原始凭证或记账凭证登记日记账、明细账。

6. 记账凭证每10天汇总一次,编制科目汇总表。

7. 根据科目汇总表登记总账。

8. 对账结账。

9. 编制资产负债表和利润表。

10. 本次实训所需材料:记账凭证100张,科目汇总表3张,总账账簿1本,现金日记账1本,银行存款日记账1本,三栏式明细账账页14张,多栏式明细账账页7张,数量金额式明细账账页8张,横线登记式明细账账页4张。

主要参考文献

[1] 中华人民共和国会计法(2017 年 11 月 4 日第十二届全国人民代表大会常务委员会第三十次会议修订).

[2] 中华人民共和国财政部.企业会计准则(2006)[S].2006.

[3] 中华人民共和国财政部.企业会计准则——指南[S].2006.

[4] 中华人民共和国财政部.会计基础工作规范[S].1996.

[5] 中华人民共和国财政部 国家档案局.会计档案管理办法[S].2015.

[6] 财政部会计司.关于修订印发一般企业财务报表格式的通知[S].2017.

[7] 财政部会计资格评价中心.初级会计实务[M].北京：经济科学出版社,2017.

[8] 王炜,金跃武.基础会计[M].4 版.北京：高等教育出版社,2018.

高等教育出版社

教学资源索取单

尊敬的老师：

您好！

感谢您使用王炜、季学芳等编写的《基础会计模拟实训》(第四版)。为便于教学，本书另配有课程相关教学资源，如贵校已选用了本书，您只要加入会计教师论坛 QQ 群，或者添加服务 QQ 号 800078148，或者把下表中的相关信息以电子邮件方式发至我社即可免费获得。

我们的联系方式：

联系电话：(021)56961310/56718921　　会计教师论坛 QQ 群：370279388

电子邮箱：800078148@b. qq. com　　服务 QQ：800078148(教学资源)

传真：(021)56717650　　地址：上海市虹口区宝山路 848 号　　邮编：200081

姓　　名		性别		出生年月		专　业	
学　　校				学院、系		教 研 室	
学校地址						邮　　编	
职　　务				职　　称		办公电话	
E-mail						手　　机	
通信地址						邮　　编	
本书使用情况	用于________学时教学，每学年使用________册。						

您对本书有什么意见和建议？

您还希望从我社获得哪些服务？

☐ 教师培训　　☐ 教学研讨活动

☐ 寄送样书　　☐ 相关图书出版信息

☐ 其他________________________________